Las más grandes teorías conspirativas

Phillips Tahuer

Ediciones Afrodita

Índice:

Introducción

"Conspiración" (definición jurídica): "Acto preparatorio del delito que consiste en el concierto de dos o más personas para su realización. Para la existencia de conspiración no es imprescindible que se llegue a la ejecución material del delito".

La gente de hoy está cada vez menos inclinada a aceptar simplemente la versión oficial de los hechos. Algunas personas van un paso más allá. Han llegado a la conclusión de que existen conspiraciones para ocultar la verdad. Según sus teorías de complot, gran parte de nuestro conocimiento no es más que el resultado de campañas de engaño a gran escala. Una búsqueda rápida en internet muestra que este fenómeno está bastante extendido. Sin embargo, las fantasías de conspiración no son un fenómeno reciente. Tales teorías ya circulaban en el siglo pasado.

Algunas personas están firmemente convencidas de que el mundo está formado por organizaciones secretas que tapan verdades inquietantes, encubren hechos y difunden mentiras en lugar de decir lo que todos, por derecho, deberíamos saber. Por supuesto, no siempre es sabio creer ciegamente y confiar en otras personas, especialmente si el "otro" puede ganar mucho con una pequeña mentira. Pero las personas que creen en las teorías de la conspiración sospechan en una escala completamente diferente.

Una "teoría de conspiración" trata de revelar estafas a gran escala. La "conspiración" en sí misma es la gran mentira, el oscurecimiento de los hechos o la propagación de mentiras. La "teoría" es la promulgación de esta falsificación al público en general y las razones detrás de la trama. Algunas personas dedican sus vidas a tal teoría, tratando, a menudo con las mejores intenciones para sus semejantes, de sacar a la luz la "verdad". Entonces desarrollan una teoría que explica y expone la conspiración. Sin embargo, muchas teorías de conspiración son exageradas por decir lo menos, y otras son tan absurdas que creer en ellas se vuelve muy difícil. Y, sin embargo, por muy improbables que sean, siempre hay una pequeña posibilidad de que sean ciertas.

¿Por qué somos tan propensos a las conspiraciones? Probablemente porque somos hipersensibles. Y porque en secreto no creemos realmente en las conspiraciones.

¿Por qué mi niño pequeño piensa que hay un cocodrilo o algo aterrador escondido debajo de su cama, y no algo agradable?, como un payaso o un tesoro pirata. Eso es bastante raro. Cuando te acuestas en la cama, puedes escuchar todo tipo de sonidos que pueden significar e imaginar todo tipo de cosas. Pero, ¿por qué entonces los niños imaginan monstruos y no dulces hadas centelleantes?

Esta pregunta, quizás extraña, ayuda a entender por qué hay tantos teóricos de la conspiración. Porque como seres humanos estamos maravillosamente hechos. Y para entendernos a nosotros mismos, cómo fuimos creados, se puede volver a la manera en que vivimos durante mucho tiempo: como cazadores-recolectores en tiempos prehistóricos. Estamos diseñados para esa situación, nuestros cerebros y cuerpos están construidos sobre ese molde, y con eso ahora tratamos de mantenernos en la era moderna.

Reaccionamos con mucha más fuerza al peligro que a la ventaja.

Así que volvamos a esos tiempos prehistóricos, cuando todavía había leones, osos, serpientes y escorpiones por todas partes. Cada familia había perdido a alguien por culpa de un animal así. Incluso hoy en día, más de cinco millones de personas son mordidas por serpientes cada año. Supongamos que se es alguien que vive en tiempos prehistóricos. Es de noche y escucha algo crepitando en la oscuridad. ¿Qué pensarás que es?

La probabilidad de que algo malo asecha es del 50%. ¿Es un animal que pone en peligro la vida de la tribu? ¿Un ratón que corretea, un miembro de la familia que da vueltas en su sueño, una hoja que cae? Tal vez sea un miembro de la tribu que regresa con un hermoso botín. Sin embargo, se prefiere apostar al peligro mayor, ya que es preferible estar alerta y acrecentar las posibilidades de defensa, luchar o huir; porque existe la posibilidad de que todavía sea un animal peligroso. "Más vale prevenir que lamentar", diríamos estos días. "Prefiero soplar demasiado fuerte que quemarme la boca", dice la expresión. "Es mejor ser demasiado cuidadoso y no será tan malo, que ser demasiado confiado y será decepcionante" reflexionamos.

Así somos como humanos. Reaccionamos con mucha más fuerza al peligro que a la ventaja. La ansiedad es una emoción que se despierta en nosotros más rápido y con más fuerza que la alegría y la tranquilidad. Si alguien en una estación grita "¡bomba!", respondemos de inmediato. Pero ignoramos a alguien que anuncia que ganamos la lotería... "Eso debe ser una tontería", pensamos. Fuimos creados para estar hiperalertas a los "crujidos": nos tomamos muy en serio las pequeñas indicaciones de un posible peligro. Y si algo no está claro, es mucho más probable que pensemos en el peligro mayor. Hay cocodrilos debajo de nuestra cama, no payasos...

Pero sí, con nuestros cerebros prehistóricos ahora vivimos en tiempos modernos y estamos en internet. No estamos hechos para eso. Internet en realidad significa que hemos adquirido sentidos adicionales, de modo que también escuchamos los crujidos de todos los pueblos de nuestra área, por así decirlo, y tenemos que responder a ellos. Cada mensaje es un nuevo peligro potencial que nos vuelve a poner en modo huida o lucha. "Probablemente no sea tan malo, pero podría ser..." Al igual que ese ruido loco que solíamos escuchar en algún lugar en la oscuridad. Por supuesto, hay una buena posibilidad de que no sea nada. Sólo que... ¿y si es un monstruo?

¿Y qué sucede cuando lees un informe sobre Bill Gates que desarrolló deliberadamente al COVID-19 para vender sus vacunas? Es una idea completamente absurda. Pero sí, un monstruo debajo de tu cama o un fantasma en el pasillo también lo es. Y, sin embargo, incluso como adultos, a veces lo tenemos en cuenta. Podría ser cierto. Eso ni siquiera es una elección consciente, nuestro sistema lo hace por nosotros. Así estamos programados.

Los teóricos de la conspiración siguen siendo igual de moderados en la vida ordinaria.

Ser capaz de ser moderados con la interpretación de la realidad y de los mensajes que de allí provienen es crucial. Hay una pequeña posibilidad de que yo sea en realidad un extraterrestre y mi esposa un robot, pero dado que eso parece absurdo a priori, y seguramente sería algo malo, lo tomaremos un poco en serio. O al menos, nos permitimos hacernos la pregunta al respecto. Porque eso es lo que se escucha principalmente de los teóricos de la conspiración: "No, solo hacemos preguntas, debemos poder hablar sobre eso, este lado también debe ser escuchado...".

Pero... hacernos constantemente esas preguntas (alocadas y sin sentido, que no resisten un mero análisis) tiene su costado negativo. Si dedico tiempo a pensar si mi esposa es en realidad un robot y yo un extraterrestre, o algo por el estilo; lo que en realidad hago es desperdiciar energía y malgastar tiempo en lo que realmente no importa. La energía y los días deben gastarse mucho mejor; en cómo me comporto con mi familia y círculo de amigos. Eso puede ser lo suficientemente intenso como para satisfacer nuestras existencias.

Pero hay algo más en juego aquí, a saber, que los teóricos de la conspiración generalmente apenas hacen ajustes en sus vidas ordinarias, y por eso se camuflan con el resto y se los toma en serio. Su creencia en conspiraciones tiene lugar casi exclusivamente en WhatsApp y Facebook, pero apenas tiene consecuencias más allá de eso. Uno pensaría que, si fuera cierto que a hay un complot mundial para inyectar nanobots en el torrente sanguíneo a través de las vacunas, asaltaríamos inmediatamente a todos los médicos, destruiríamos las vacunas y comenzaríamos una revolución. Sería el mayor desastre que jamás nos haya golpeado. La resistencia, incluso la resistencia violenta como en la Segunda Guerra Mundial, parece entonces más que apropiada o incluso obligatoria.

Pero los teóricos de la conspiración siguen siendo suaves, sobrios y amigables como siempre en la vida ordinaria. Pueden darte a conocer sus inquietas ideas, quizás te acerquen algún panfleto o los veas asistir a una manifestación, pero eso es todo, no insistirán más allá del límite para que no lo veas como un "extraño".

Esta maravillosa distancia entre 'aprender y vivir' me recuerda a los predicadores más duros de mi juventud. Por ejemplo, a veces predicaban sobre el infierno, pero no intentaban convertir a los incrédulos fuera de su semana laboral de 40 horas. Nosotros, los oyentes, también rara vez nos involucramos en el evangelismo. Si bien eran las personas más amables que sin duda ayudaron a sus vecinos incrédulos si tenían un neumático pinchado. Pero cuando se trataba de evitar que fueran atormentados perpetua y conscientemente, como creían oficialmente estos pastores, de repente no hicieron nada.

Así como la creencia en el infierno para muchos pastores es puramente una cosa del púlpito, la creencia en conspiraciones para la mayoría de los teóricos de la conspiración es solo una cosa para las redes sociales. Encuentran importante expresarlo por todo tipo de razones, pero parece que ellos mismos apenas lo creen. Pero, ¿por qué lo expresarían entonces? ¿Por qué decir que Bill Gates podría estar poniendo nanobots en las vacunas cuando nada en su comportamiento muestra que se lo toma en serio?

Aparentemente, hay ciertas ventajas en anunciar algo extremo, siempre que puedas desconectarlo con seguridad del resto de tu vida. Difundir conspiraciones en línea da un sentido de pertenencia, al igual que un fuerte sermón desde el púlpito ofrece la agradable sensación de "nosotros los elegidos" contra "ellos, los blasfemos". Al menos estamos en el lado correcto. Nosotros lo conseguimos y ellos no. Al teórico de la conspiración le otorga la ilusión de que sabe mucho más que los demás. Le da temporalmente, entre ciertos grupos, la imagen de ser crítico, un pensador independiente, no una oveja domesticada.

¿Y..., para quien las acepta? Aún mejor, distrae su mente. No tiene que pensar en sus responsabilidades reales; en sus hijos, su trabajo, su pareja. Creer en teorías conspirativas libera temporalmente a la persona de la vida real. Y entiendo eso. La vida real es difícil a veces.

Pero... como en la vida prehistórica, la precaución nos puede salvar la vida, y para ello vale la pena prestar atención a la información que recibimos para poderla cotejar, analizar, desechar o utilizar de acuerdo a serios criterios de razón. Negar todo es de tontos, creer todo... de ignorantes.

A continuación, las mayores teorías de conspiración que circulan en nuestro tiempo. Juzgue usted por sí mismo, si tiene motivos para preocuparse:

1.   Sociedades secretas que dominan el mundo

Una de las teorías de conspiración más famosas es la existencia de un gobierno mundial secreto. Este es algún tipo de grupo místico que gobierna el mundo. Incluye a los Illuminati, masones, judíos, reptilianos, oligarcas y políticos. Incluyendo a la reina Isabel II de

Gran Bretaña, así como a las dinastías Rockefeller y Rothschild. Se cree que son ellos quienes manipulan a las masas y controlan los procesos mundiales: golpes de estado, revoluciones, guerras, fluctuaciones monetarias y asesinatos de personas influyentes.

El objetivo del gobierno en la sombra es obtener un control ilimitado sobre el mundo y construir una sociedad sobre el principio de un rígido sistema de castas. Partidarios particularmente ardientes de la teoría están convencidos de que los misteriosos "titiriteros" no pueden prescindir de rituales y sacrificios mágicos. El tema del gobierno mundial es reproducido implacablemente por la cultura popular. Uno de los libros más famosos fue escrito por el ex oficial de inteligencia británico John Coleman, aunque nadie ha confirmado aún su participación en los servicios especiales.

Entre estas sociedades, quizás la más famosa se la del grupo Bilderberg. En 1954, algunos ciudadanos ansiosos de los estados del Benelux (asociación intergubernamental que, bajo un tratado aduanero y económico, integra a Bélgica, Luxemburgo y Países Bajos), destacados políticos y magnates comenzaron a preocuparse de que Europa Occidental, que fue desangrada en la Segunda Guerra Mundial y luego conectada por Plan Marshall, puede que ya no le guste estar tan atada con los EE. UU. y que la cooperación transatlántica pueda relajarse.

Así, entre el 29 y el 31 de mayo de ese año, los globalistas del mundo se reunieron en un pueblo del valle de Nederijn, más precisamente en el Hotel de Bilderberg en Oosterbeek (de donde toma nombre el grupo) para mantener conversaciones informales y no muy públicas para encarrilar al mundo occidental. Así nació el Grupo Bilderberg que se reúne todos los años desde 1954, excepto dos años desde la pandemia. La idea provino originalmente del polaco Joseph Retinger, pero el príncipe holandés Bernhard fue el principal instigador. El objetivo oficial de la reunión era fortalecer los lazos entre los diversos países occidentales.

El grupo también se reunió en el 2022, ahora, por 68ª vez en Washington (que sin duda es un lugar de menor poder que el lugar de reunión de 2019 en Montreux, Suiza), del 2 al 5 de junio. La reunión se ha regido por la regla de Chatham House desde su inicio, lo que significa que los líderes mundiales invitados son libres de usar la información que obtienen allí, pero sin mencionar de qué nombre, nacionalidad o cargo se obtuvo.

El foro es para discusiones informales, donde personajes ilustres son invitados "como individuos y en una capacidad informal" para desentrañar la seriedad de su cargo serio, y pueden charlar tranquilamente sobre las grandes cuestiones del mundo sin riesgo de que nadie sepa sus conclusiones. Sin embargo, dos cosas son públicas cada año: una lista de participantes y una lista concisa de temas.

Entre los temas abordados (2022) se tocó la geopolítica ("Reordenamientos geopolíticos", "desafíos de la OTAN", "China", "reordenamiento de la región de la India y el Pacífico", "Rusia", "Ucrania").
Lo que será del gran mundo de lo discutido se sabrá algún día de alguna manera.

Las conferencias de Bilderberg están rodeadas de un aura de secretismo. No se levantan actas de las discusiones. Todos los asistentes están obligados a guardar estricto secreto. Esto ha generado mucha especulación sobre lo que se discute a puertas cerradas. Según algunos, formaría una especie de gobierno en la sombra del mundo. Otros dicen que la élite occidental se reúne aquí para coordinar la propagación del fascismo/marxismo totalitario.

En esta misma línea de pensamiento, otro grupo famoso que supuestamente gobierna al mundo son los Illuminati.

Esta secta fue fundada en Baviera en el siglo XVIII y, desde entonces, según la leyenda, controla el mundo, manipulando a los gobiernos mundiales como si fueran marionetas. En realidad, esta secta se disolvió unos diez años después de su fundación) Pero, ¿dónde se encontrarían los Illuminati para tejer sus oscuras tramas, según los teóricos de la conspiración? Simple: en el aeropuerto de Denver, que en realidad es su base oculta.

¿La evidencia? Los que afirman esta teoría dicen que basta con visitar el aeropuerto para apreciar estatuas de gárgolas de aspecto diabólico, un artefacto histórico con una insignia masónica, la estatua gigante de un caballo azul y murales espeluznantes. Las extrañas elecciones artísticas de los administradores de esta terminal aérea llevaron inevitablemente a la teoría de que la base de los Illuminati está escondida en el sótano. Para jugar, desde hace algunos años en el sótano hay una galería enteramente dedicada a las teorías de la conspiración, en la que se exhiben cráneos alienígenas falsos y más.

Otra conocida teoría conspiratoria es la que propone que estamos siendo invadidos y poco a poco dominados por alienígenas reptilianos. Estos seres humanoides con rasgos de reptil, aparentemente de gran inteligencia y procedentes del sistema Alpha Draconis (aunque otras teorías indicarían que tienen origen terrestre), se disfrazarían de seres humanos y estarían con el paso del tiempo sustituyendo a las élites políticas y líderes mundiales para hacerse con el poder. Parece ser que todas las dinámicas de dominio y opresión que ocurren en el planeta no son lo suficientemente evidentes por sí mismas; desde este tipo de conspiranoia, es necesario añadirle la figura de una oligarquía alienígena para entender lo que pasa.

2.   El incidente de Roswell

El 14 de junio de 1947, el granjero estadounidense Mac Brazel descubrió algunos escombros notables cerca de Roswell, Nuevo México. Entre otras cosas, encontró papel de aluminio y tiras de goma. Cuando la Fuerza Aérea de los EE. UU. recibió el hallazgo a través del alguacil local, emitieron un extraordinario comunicado de prensa de que se habían encontrado fragmentos de un platillo volador. Un día después, salió más información. La Fuerza Aérea ahora declaró que eran los restos de un globo meteorológico.

El incidente luego cayó en la oscuridad durante treinta años, hasta que se publicó el libro "The Roswell Incident" en 1980. Los autores Charles Berlitz y William Moore afirmaron que, de hecho, eran los restos de un platillo volador, escondidos apresuradamente por el gobierno. Esto condujo a una proliferación de teorías de conspiración sobre el gobierno de que un dispositivo alienígena habría sido barrido debajo de la mesa. Una declaración de la Fuerza Aérea de los Estados Unidos en 1994 de que se trataba de los restos de un globo espía no cambió esto. El misterio sobre el incidente de Roswell se mantiene así vivo.

Sin embargo, en 1978, el ufólogo Stanton Friedman entrevistó a Jesse Marcel, quien había ayudado a limpiar el objeto estrellado. Marcel afirmó que de hecho era un objeto alienígena. Se revivió la teoría de la conspiración, y poco después de este hallazgo, se descubrieron no menos de otros 11 lugares donde se decía que los objetos alienígenas se habían estrellado y oscurecido por los militares. El gobierno inició dos investigaciones. El primero concluyó que los escombros en Roswell efectivamente provenían de un globo del proyecto Mogul. El segundo descubrió que los recuerdos de los involucrados pueden haber sido ligeramente distorsionados por años de especulación. Pero el resultado de una investigación del gobierno no fue suficiente para saciar a los teoricos de la conspiración. Después de todo, el gobierno, los militares, ¿no es todo más o menos lo mismo? Entonces la teoría de la conspiración sigue existiendo; ¡El ejército ha encontrado extraterrestres en Roswell y está tratando de convencernos de que no lo hagamos!

3.   Paul McCartney está muerto

Si hemos de creer a los partidarios de esta teoría, el ex miembro de los Beatles, Paul McCartney, ya murió en 1966. Más precisamente, se dice que el artista pop murió en un accidente automovilístico el 9 de noviembre de 1966. Para no poner en peligro el éxito de The Beatles, se dice que los miembros de su banda lo reemplazaron con un doble, y que a lo largo de los años se fueron arrepintiendo de tal decisión. Por eso escondieron en secreto pistas que hacían referencia a la muerte de McCartney en sus letras, como con la canción "Revolution 9". La famosa portada de Abbey Road, según los teóricos de la conspiración, es en realidad un cortejo fúnebre.

Esta teoría apareció por primera vez en un artículo en el periódico de la Universidad de Drake el 17 de septiembre de 1969. Después de que una persona anónima repitiera la teoría unas semanas más tarde en una transmisión de radio, los rumores se extendieron rápidamente. En respuesta, McCartney apareció en la portada de la revista Life con su familia, después de lo cual la mayoría de las especulaciones cesaron. Solo los fanáticos acérrimos siguen recorriendo las letras de los Beatles en busca de pistas sobre esta teoría de la conspiración.

¿Dónde nace la base de estos supuestos?

La versión británica de la leyenda nació antes que la estadounidense, pero con menos detalles. Bastaron un par de incidentes para que naciera el mito. Después de un accidente con su automóvil Mini Cooper el 7 de enero de 1966, cerca de Londres, el músico se rompió un diente (las consecuencias son visibles en el video "Rain" y "Paperback Writer") y ocultó la cicatriz en su labio superior dejándose un bigote. Los fanáticos de la teoría vieron cambios en la apariencia como prueba de que se trataba de un doble. Hubo quienes encontraron diferencias físicas en las fotografías de Paul McCartney tomadas en diferentes momentos.

Otros ubicaron marcas en el álbum "Sgt. Pepper's Lonely Hearts Club Band" que representaban la muerte de McCartney.

Cuando se reproduce al revés el discurso del final de la canción The Beatles "I'm So Tired", se escucha un mensaje que dice "Paul is a dead man, miss him, miss him " (Paul es un hombre muerto, lo extrañamos).

La revista Northern Star (Universidad del Norte de Illinois) el 23 de septiembre de 1969 también publicó un artículo sobre la muerte de Paul McCartney. Según el autor, los gerentes tenían miedo de perder ganancias y persuadieron al resto de la banda para que encubriera la tragedia. Los músicos dejaron en los textos las claves para desentrañar el misterio.

En ese momento, el número de preguntas sobre la muerte del músico se había multiplicado por diez, señaló el servicio de prensa de The Beatles el 11 de octubre de 1969.

La portada del disco "Abbey Road" (1969) también fue motivo de los rumores, en la que los fanáticos vieron un mensaje secreto. Los músicos que cruzan la calle parecen un cortejo fúnebre: John Lennon con túnicas blancas personifica al sacerdote, Ringo Starr se parece a un agente de servicios funerarios, Paul McCartney, descalzo y con los ojos cerrados, parece un muerto, y George Harrison ubicado al último de la procesión, representa al "sepulturero". La matrícula en el fondo de LMW 28IF se tradujo como: Linda McCartney Weeps, 28 if ("Linda McCartney está llorando porque podría haber tenido 28 años").

El 21 de octubre de 1969, la oficina de prensa de The Beatles publicó otra refutación. Pero los rumores disminuyeron solo después de la publicación de Life. En una entrevista con la revista, el músico, supuestamente muerto, parafraseó a Mark Twain: "Los rumores sobre mi muerte son muy exagerados". La portada de esa edición presentaba una foto de Paul y Linda con sus hijos, tomada en la granja del músico en Campbeltown, Escocia. La imagen se complementó con la inscripción: "El caso del Beatle desaparecido. Paul todavía está con nosotros". McCartney dijo que en el otoño de 1969 el grupo se separó y él mismo se fue de vacaciones con su esposa, donde consideró planes para el futuro.

Como en toda teoría de la conspiración, todos aquellos que no le son indiferentes se dividen en dos bandos: unos creen en la muerte de McCartney, otros no. Sin embargo, esto no impidió que Paul (o su doble) deleitara a los fanáticos con su música, pinturas y libros durante más de 50 años

4. Nunca llegamos a la Luna

Hoy en día, millones de personas todavía están convencidas de que los 6 alunizajes estadounidenses entre 1969 y 1972 fueron un montaje. El primero en publicitar de manera destacada este punto de vista fue Bill Kaysing, quien publicó el libro "Nunca fuimos a la luna" (1976).

Versión oficial: El 20 de julio de 1969, la tripulación del módulo lunar "Eagle", compuesta por dos astronautas Neil Armstrong y Edwin Aldrin, aterrizó en el satélite natural de nuestro planeta. Durante las siguientes casi cinco horas y media después del aterrizaje, los astronautas se prepararon para un lanzamiento anticipado en caso de emergencia, miraron por las ventanas y compartieron sus primeras impresiones con el centro de control de la misión. Edwin Aldrin incluso logró realizar un breve servicio religioso antes de llegar a la superficie de la luna. Luego, a intervalos de 15 minutos, descendieron las escaleras hasta la superficie. Primero Armstrong, luego Aldrin.

La primera y esta vez hasta ahora la única caminata en la superficie duró solo 2 horas y media e incluyó todas las actividades que se supone que deben hacer los pioneros. Los astronautas plantaron la bandera de EE. UU., recolectaron muestras de suelo lunar (21,55 kg) y colocaron instrumentos científicos en la superficie selenita. Cierto, lo primero que hizo Armstrong fue tirar la basura que se había acumulado durante el vuelo. Fue entonces cuando Neil Armstrong, pisó un pie sobre la superficie de la luna, y pronunció su famosa frase: "Este es un pequeño paso para el hombre, pero un gran salto para toda la humanidad".

Durante su estancia en la superficie, Armstrong y Aldrin tomaron más de cien fotografías de paisajes lunares y de ellos mismos. Es cierto que no se alejaron mucho del módulo lunar, solo 60 metros. Inmediatamente después de regresar, los astronautas comenzaron a prepararse para el despegue. El tercer miembro de la tripulación del Apolo 11, Michael Collins, los había estado esperando todo este tiempo en órbita lunar en el módulo de comando.

En total, durante el programa Apolo de trece años, se realizaron 6 aterrizajes exitosos en la luna (el último, Apolo 17, en 1972). El costo total de todo el programa osciló entre 20 y 25.400 millones de dólares estadounidenses. En precios modernos, esto es alrededor de 136 mil millones de dólares. Como parte del programa, se entregaron a la Tierra 382 kg de suelo lunar. En las últimas tres expediciones lunares, los astronautas no solo han caminado sobre la superficie de la luna, sino que también han viajado en un vehículo eléctrico biplaza desarrollado por Boeing. Durante el último alunizaje, el rover lunar logró recorrer 36 km. Quedan seis banderas americanas en la luna.

Argumentos y contraargumentos: La mayoría de los argumentos a favor de la falsificación de los vuelos a la luna se pueden dividir en dos grupos. El primer grupo incluye argumentos basados en imágenes fotográficas y de video obtenidas durante las expediciones lunares. El segundo grupo son declaraciones sobre la imposibilidad técnica de enviar un hombre a la luna en ese momento.

La ausencia de estrellas en el cielo lunar, la bandera americana ondeando en el vacío, las insólitas sombras de los astronautas pertenecen al primer grupo. Todos ellos fueron fácilmente refutados. La bandera con rayas de estrellas ondeando al viento es solo una ilusión. Las ondulaciones en la superficie de la lona no son provocadas por el viento, sino por las vibraciones amortiguadas que surgieron durante su instalación. Si observa de cerca las imágenes de video, tales vibraciones ocurren no solo en las banderas, muchos otros objetos también se balancean durante mucho tiempo después de haber sido tocados por los astronautas.

Los partidarios de la teoría de la conspiración lunar creen que la NASA no pudo fingir una vista del cielo estrellado desde la luna. Se puede decir que no lograron crear un planetario en el pabellón del estudio de cine. Pero, de hecho, es imposible fotografiar objetos iluminados por el Sol y las estrellas al mismo tiempo. Por supuesto, si configura una exposición larga, puede fotografiar las estrellas, pero la imagen resultaría de muy baja calidad. Pero después de todo, los estadounidenses no volaron a la luna para fotografiar las estrellas. Las estrellas no son visibles en muchas fotografías tomadas desde la Estación Espacial Internacional o desde naves espaciales, pero esto no es motivo para dudar de su existencia real.

Pero los escépticos, técnicamente expertos, dicen que era simplemente imposible enviar una nave espacial tripulada a la luna a finales de los 60 y principios de los 70. ¿Cómo no pensar en ello? El primer hombre fue al espacio en órbita terrestre baja en 1961, y ese fue Yuri Gagarin. Y solo 8 años después, en 1969, la NASA envía la expedición más difícil a la luna. No obstante, se sabe que el vehículo de lanzamiento estadounidense "Saturn-5", diseñado para volar a la luna, hasta el día de hoy sigue siendo el más efectivo y poderoso de todos los creados hasta el momento.

Los amantes de las conspiraciones aseguran que frente a la llamada "carrera espacial" EE.UU, necesitaba reforzar su prestigio, y para ello apelaron a la falsificación de un éxito de tal tamaño. De hecho, todos los vuelos que se realizaron hasta ese momento fueron en la órbita terrestre baja. Todo lo demás fue puesta en escena.

Otro argumento de los críticos es que los estadounidenses tenían poca experiencia en vuelos espaciales. Pero, estrictamente hablando, los astronautas estadounidenses estaban capacitados. Solo basta mirar cuidadosamente la historia de los vuelos tripulados de la NASA, y todo encaja. De hecho, los astronautas de la NASA ya habían tenido ocho acoplamientos exitosos en el espacio, desde el programa Gemini hasta el Apolo 9 y el Apolo 10.

Lo que queda sin respuesta: La mayoría de los argumentos de los partidarios de la conspiración lunar encuentran una refutación bien fundada. El primero es que la radiación del Sol es perjudicial para los humanos y uno de los principales obstáculos para la exploración espacial. Por ello, hoy en día todos los vuelos tripulados se realizan a no más de 500 kilómetros de la superficie de nuestro planeta. En la Luna, los astronautas debían recibir una dosis letal de radiación. Sin embargo, todos están vivos.

En teoría, es posible protegerse de la radiación. Después de todo, protegemos, por ejemplo, al personal de las centrales nucleares. La pregunta es qué tipo de protección puede ser suficiente para tal vuelo. La radiación cósmica es un obstáculo no solo para el vuelo a la luna. Al volar a Marte, es aún más peligroso.

Por supuesto, hay una explicación para el vuelo a la luna, que no tuvo consecuencias. La trayectoria de vuelo de la nave espacial tripulada se eligió para pasar a través de los cinturones de radiación en su punto más delgado. Y solo tardó unas pocas horas en volar.

Tanto el grosor de las paredes de la nave como la protección de los trajes eran adecuados al nivel de radiación. Aunque según algunas estimaciones (otra vez, los escépticos), para proteger a los astronautas de la radiación cósmica, las paredes de la nave y el traje espacial tendrían que tener un grosor mínimo de 80 cm, hecho de plomo, que, por supuesto, no lo era. Ni un solo cohete puede levantar tal peso.

Lo más interesante de esta historia es que, mientras se preparaba para el 40 aniversario del alunizaje, la NASA descubrió repentinamente la pérdida del metraje original de la película con imágenes del alunizaje de los astronautas. Parecería que tales películas no eran un hecho del orgullo estadounidense y una prueba de la superioridad de la nación estadounidense, sino tampoco propiedad de toda la humanidad. Para que el público no esté demasiado preocupado por la pérdida de material tan valioso, la NASA dijo que los originales probablemente ya no se podían usar de todos modos, ya que colapsaron por un almacenamiento prolongado. Es decir, para las películas, que dan testimonio de uno de los momentos más significativos de la historia de la humanidad.

5.   La tierra es plana o hueca

La humanidad ha tardado siglos en aceptar que la Tierra es un planeta redondo que gira alrededor del sol. Las obras de Copérnico, Galileo Galilei y Johannes Kepler cambiaron esto en el Renacimiento. Sin embargo, algunas personas todavía tienen la creencia persistente de que la Tierra es plana. Se dice que las fotos del espacio fueron editadas por la NASA como parte de una conspiración. Así que la Tierra no sería redonda: en cambio, tendría la forma de un disquete, rodeada por una pared de hielo.

Los partidarios de esta teoría se han unido en la Sociedad de la Tierra Plana, que fue fundada en la década de 1950 por Samuel Shenton. Su sucesor, Charles Johnson, buscó publicidad con regularidad, lo que aumentó el número de miembros. En su apogeo, la organización tenía 3.500 miembros. Sin embargo, el declive comenzó a partir de la década de 1980. Cuando Johnson murió en 2001, solo quedaban 100 miembros. A partir de 2004, Daniel Shenton revivió el movimiento, que ahora cuenta con más de 500 miembros, en su mayoría estadounidenses y británicos.

Los miembros de Flat Earth Society están convencidos de que la gente vive en un disco plano con un diámetro de 40.000 kilómetros cuadrados. El centro del planeta está en la región del Polo Norte, y en los bordes está rodeado por un alto muro de hielo. Al mismo tiempo, la Luna, el Sol y las estrellas giran sobre la superficie de la Tierra. Los partidarios de la teoría son inquebrantables: "los científicos ocultan la verdad para que las autoridades y las grandes corporaciones puedan robar el dinero de los contribuyentes, escondiéndose detrás de programas espaciales inexistentes".

En una entrevista, el exempleado de la NASA Matthew Boylan dijo que le hablaron sobre la forma "real" de la Tierra poco después de que lo contrataran. Los partidarios de la conspiración espacial se pueden encontrar en cualquier país del mundo. Cada año, personas de ideas afines organizan conferencias temáticas, y algunas de ellas incluso intentan demostrar su punto en la práctica. Por ejemplo, recaudan dinero para lanzar sus propios satélites o viajar a la atmósfera superior en vehículos improvisados.

En marzo de 2018, el californiano Mike Hughes, de 61 años, apodado Mad, subió a una altura de 570 metros para fotografiar el "disco terrestre". Especialmente para esto, construyó un cohete con una máquina de vapor. Sin embargo, no pudo hacer un descubrimiento sensacional: unos minutos después, el aparato se estrelló contra el suelo. Gracias a dos paracaídas desplegados, el astronauta local escapó con una herida leve en la espalda.

Si una Tierra plana no es suficiente para generar una teoría conspirativa de gran credibilidad, podemos ir más allá, también en un sentido geométrico, invirtiendo la visión de la Tierra. Según esta nueva teoría, vivimos dentro de una burbuja excavada en la roca, en el interior de la esfera. Las diferentes teorías tienen sus variantes, según algunas, la capa de roca tiene un espesor finito, y afuera viven los que llamamos extraterrestres. Según otros, hay incluso más capas, cada una de ellas en aumento, y cada una tiene una civilización diferente. Viajar entre ellos simplemente requiere perforar a la profundidad correcta, una habilidad que los propietarios de platillos voladores han dominado.

Entonces, ¿por qué vemos la Tierra como una esfera del espacio exterior y por qué existe el fenómeno de los objetos que se esconden tras el horizonte? Simple: una ilusión óptica y la refracción de la luz en la atmósfera.

El origen de esta idea se encuentra en la hipótesis del astrónomo del siglo XVII Edmond Halley (sí, la del famoso cometa), quien se preguntaba si en el núcleo líquido del interior de la Tierra había esferas girando, lo que ayudaría a explicar, por ejemplo, cambios en los polos magnéticos de nuestro planeta.

Los orígenes modernos de la teoría de la Tierra vacía se remontan a los escritos de Cyrus Teed de finales del siglo XIX. Este místico, alquimista y fundador de sectas promovió su modelo de la esfera cóncava e incluso la describió en su obra "La cosmogonía cullular" o "la tierra una esfera cóncava".

Incluso se probó la teoría de Cyrus Teed. El ingeniero Ulysses Grant Morrow, miembro de la secta Teeda, preparó un experimento para crear el llamado rectilineador, es decir, una estructura nivelada perfectamente simple. Debía colocarse hacia la costa para que pudiera medirse su altura sobre el nivel del mar.

De hecho, la estructura de cuatro millas se construyó; hoy se puede admirar en el sitio histórico de Koreshan en Florida. Se tomaron las medidas y... resultó que, según la hipótesis, el final de la estructura era un dos por ciento más bajo. Así, Teed demostró que la hipótesis de la Tierra cóncava era cierta.

Desafortunadamente, olvidó que la estructura construida era flexible y simplemente se dobló hacia la verdadera curvatura de la Tierra. Sin embargo, vale la pena recordar su experimento, porque cada uno de nosotros está bajo el mismo engaño y acepta cada resultado como una confirmación de nuestros puntos de vista.

6.   ¿SIDA creado por humanos?

Todo el mundo conoce el término SIDA, pero pocas personas saben que es una abreviatura que significa "Síndrome de Inmunodeficiencia Adquirida". Una enfermedad con un efecto tan dramático en la vida humana es un tema excelente para las teorías de la conspiración, como lo demuestra el hecho de que se han propuesto muchas de este tipo. Uno de las más famosas dice así: "El Pentágono ha desarrollado el SIDA como un arma contra la constante expansión de las clases bajas de la sociedad". Una alternativa a esto afirma que fue diseñado para contrarrestar la homosexualidad. Como prueba, estos teóricos de la conspiración señalan el pico de gasto fiscal en 1977 destinado a "armas biológicas", mientras que el primer caso de SIDA se documentó en 1978 en África.

Otra teoría sugiere que el SIDA fue un accidente en el laboratorio cuando los investigadores estaban ocupados tratando de encontrar una cura para la poliomielitis. Los investigadores y científicos de hoy están de acuerdo en que estas teorías están equivocadas. Sin embargo, no todos están tan convencidos.

Hay muchos teóricos de la conspiración que niegan la existencia del VIH. Los partidarios de la teoría de la conspiración médica están firmemente convencidos de que el virus de la inmunodeficiencia es solo un mito inventado por las compañías farmacéuticas para sacar provecho de la venta de pruebas de diagnóstico y medicamentos para una enfermedad "inexistente". La terapia antirretroviral es considerada peligrosa por algunos y simplemente inútil por otros. En sus grupos en línea, los negacionistas instan activamente a los infectados a rechazar el tratamiento. Sucumbiendo a la influencia de los propagandistas, muchos hacen precisamente eso, por lo que su condición solo empeora. También se conocen muchas muertes entre niños que no recibieron tratamiento por las creencias de sus padres.

Es interesante que entre los ideólogos del movimiento hay mucha gente sana y hasta médicos titulados. A causa de esto, en Rusia, el Ministerio de Salud se vio obligado a preparar un proyecto de ley que prevé castigos por difundir teorías de conspiración. Los "disidentes" explican la muerte de sus conocidos infectados simplemente diciendo que la causa fue por una enfermedad existente, como neumonía o meningitis, y no por otra inexistente como el SIDA. Los luchadores contra los negacionistas del VIH son unánimes en su opinión: la negación es la forma más fácil de esconderse de los problemas.

7.   Anuncios subliminales

La publicidad subliminal, también conocida como mensaje de estímulo subliminal, es una forma de publicidad que utiliza imágenes, sonidos y contenido sutiles para tratar de influir en el subconsciente para realizar una compra o encontrar algo atractivo. Si bien ha habido mucha controversia a lo largo de los años con respecto a su uso real, la publicidad subliminal es algo a lo que la sociedad en general se ha acostumbrado debido a la avalancha de la televisión, la prensa, las publicaciones e internet. Los consumidores tienden a dejarse influir fácilmente por ciertas frases, imágenes, sonidos y estímulos que los anunciantes gastan millones en estudiar antes de que los productos lleguen a los estantes de las tiendas.

El primer uso generalmente aceptado de la publicidad subliminal fue antes de principios del siglo XX, cuando se introdujeron sutiles estímulos visuales y auditivos en la práctica de marketing para influir en los consumidores. Se ha demostrado que el uso de niveles bajos de música o sonidos apenas audibles, combinados con imágenes atractivas, aumenta la probabilidad de que los consumidores se sientan más cómodos y, en última instancia, realicen una compra. Desde principios hasta mediados del siglo XX, muchas de las principales empresas de publicidad utilizaban la publicidad subliminal para crear toda una generación de clientes habituales.

En 1957, un psicólogo social con sede en Michigan llamado James Vicary anunció que había realizado un estudio que mostraba que las imágenes parpadeantes de una bebida popular (Coca Cola) y las palomitas de maíz que se mostraban durante la película afectaban los hábitos de compra de los consumidores que las veían. A Vicary se le atribuye haber acuñado el término "publicidad subliminal", una afirmación que hizo que la Agencia Central de Inteligencia de EE. UU. escribiera un informe completo sobre la práctica y llevó a que la publicidad subliminal abierta fuera prohibida en toda la publicidad en los Estados Unidos en 1958. Sin embargo, Vicars luego se retractó de su afirmación anterior, lo que solo creó más misterio.

La forma más común de publicidad subliminal implica la adición de destellos rápidos de imágenes que se muestran en una pantalla de cine o televisión justo antes o durante una película. Esto es algo que la mayoría de los consumidores no logran notar de inmediato, pero que puede influir en su decisión de comprar bebidas, alimentos y productos en algún momento durante el espectáculo. Otra forma de publicidad subliminal es el uso sutil de sonidos de bajo nivel o música reproducida al revés, que puede ser difícil de escuchar para el oído humano, pero puede afectar el subconsciente. Esto a menudo se conoce como disfraz en las industrias de la música y el cine.

Si los mensajes subliminales se utilizan en publicidad u otros medios es un tema polémico. Mucha gente piensa que esto es un mito. Mientras que algunos admiten fácilmente que el marketing subliminal se está utilizando para aumentar las ventas, otros argumentan que es una mala práctica que está mal vista por la industria de la publicidad. Sin embargo, la investigación de mercado continúa mostrando que un número significativo de consumidores reconoce que la publicidad subliminal es una parte diaria del mundo publicitario y que influye en las decisiones de compra en la gran mayoría de los grupos de consumidores.

8.   El calentamiento global es un invento

Todo el mundo habla del calentamiento global. Más bien, todo el mundo habla de la colegiala sueca Greta Thunberg, quien finalmente llamó la debida atención sobre este problema.

¿Existe el calentamiento global? ¡Claro que existe! El calentamiento global es un hecho observable, no depende de la opinión de científicos o políticos. Basta con mirar la dinámica de la temperatura media anual en el planeta. Estos datos están disponibles en al menos tres fuentes: el sitio web de la Administración Nacional Oceánica y Atmosférica de EE.UU., el sitio web de la Universidad de East Anglia y el sitio web del Instituto Goddard para la Investigación Espacial de la NASA. Allí se pueden encontrar, por ejemplo, datos sin procesar para estaciones meteorológicas individuales, o se los puede descargar en un archivo grande, para ser analizados y sacar propias conclusiones.

El calentamiento es visible no solo a partir de mediciones directas de la temperatura del aire en la superficie, sino que también lo atestiguan los datos indirectos. Por ejemplo, es claramente visible en el aumento del nivel de los océanos del mundo, que se registra en varias líneas de observación independientes. El aumento de los niveles se debe principalmente a la simple expansión térmica del agua: como cualquier sustancia, se expande cuando se calienta, lo que a escala global conduce a un aumento en los niveles de los océanos. Hay muchos otros datos de medición: la disminución del área de nieve y hielo marino en el Ártico, el derretimiento de los glaciares y otros. Todo esto es importante para los climatólogos, pero el hecho mismo del calentamiento es visible a partir de simples mediciones en las estaciones meteorológicas.

Sin embargo, a pesar de las contundentes pruebas, muchos escépticos explican el surgimiento de la teoría del calentamiento global como una conspiración del gobierno mundial: la idea de los misteriosos gobernantes del mundo es una de las más populares entre los teóricos de la conspiración. Los partidarios de esta versión se pueden encontrar en todo el mundo. Las Naciones Unidas son las más, a menudo, culpadas por la conspiración, ya que en sus congresos se firmaron documentos clave para frenar el cambio climático, como el Protocolo de Kioto y el Acuerdo de París.

En el 2003, un senador de los EE.UU dio un discurso titulado "La ciencia del cambio climático", calificando este concepto científico como "el mayor engaño jamás ideado para dañar al pueblo estadounidense", acusando al público de histeria sin fundamento y a la ciencia de falsificar datos. Según este mandatario, los partidarios del Protocolo de Kyoto, incluido el entonces presidente francés Jacques Chirac, buscaron obtener el control de todo el planeta utilizando la teoría del calentamiento global.

Los escépticos, por extraño que parezca, se pueden encontrar entre los científicos famosos. Por ejemplo, uno de los principales expertos mundiales en tormentas tropicales y pionero en el pronóstico de ciclones tropicales, el profesor de la Universidad de Colorado, William Mason Gray, ha argumentado que el calentamiento global posterior a la Guerra Fría ha reemplazado a la URSS como enemigo común del pueblo estadounidense. El especialista opinó que el objetivo de los creadores de la teoría era la organización de un gobierno mundial y el control total sobre la población de la Tierra.

Según los defensores de la teoría de la conspiración, la negación del cambio climático está siendo promovida por las compañías de petróleo y gas que emiten la mayor cantidad de emisiones de carbono. Además, este punto de vista suele ser defendido por las grandes empresas y los centros científicos conservadores (principalmente en los EE. UU.). Los hermanos multimillonarios Koch, que hicieron su fortuna, incluida la refinación de petróleo, en el período de 1997 a 2018 gastó alrededor de $ 145 millones para apoyar a los escépticos del cambio climático.

Y el gigante petrolero Exxon Mobil, hasta hace poco, ha minimizado sistemáticamente el cambio climático en sus declaraciones públicas. La duda del público en general sobre el consenso científico sobre los peligros climáticos se debe en parte a la cobertura mediática del tema. A menudo, el daño del calentamiento global para la humanidad aparece en los medios de comunicación como un tema controvertido e insuficientemente estudiado. Un estudio conjunto de las universidades de Cardiff y Canberra muestra que la mayoría de las personas niegan que los humanos sean responsables del cambio climático (antropogenicidad), aunque reconociendo su existencia.

9.   Movimientos anti vacunas

Expertos médicos y farmacéuticos definen la vacuna como uno de los 10 logros más importantes para la salud pública en el siglo XX. Aun así, la oposición a la vacuna tiene una historia tan larga como la vacuna misma. Las críticas contra las vacunas existían de muchas formas diferentes, como los grupos opositores a la vacuna contra la viruela que surgieron en Inglaterra y Estados Unidos en la segunda mitad del siglo XIX. Como resultado de estos grupos, ha habido mucho debate sobre el uso y la seguridad de las vacunas más nuevas, como la difteria, el tétanos, la tos ferina, el sarampión, las paperas y la rubéola, y el uso del conservante llamado timerosal.

La vacuna contra la viruela se descubrió por primera vez a principios del siglo XIX como resultado de los experimentos de Edward Jenner con el virus de la viruela bovina. A través de sus experimentos, Jenner demostró que un niño podía protegerse del virus bovino al agregarle linfa de una ampolla de viruela bovina en su brazo. Las ideas de Jenner eran nuevas para la época, pero enfrentaron críticas increíbles del público. Estas críticas se basaban en razones sanitarias, religiosas, científicas y políticas.

Para algunos padres, la vacuna contra la viruela en sí ya era motivo de terribles protestas. Se trataba de rascar el brazo de un niño y agregar linfa de una ampolla en un cuerpo previamente inmunizado. Según algunos críticos, incluidos los sacerdotes locales, la vacuna era antirreligiosa porque provenía de un animal. Otros opositores a las vacunas estaban insatisfechos con su desconfianza general en la ciencia médica y pensaron que la epidemia aumentaría con la idea de Jenner. La sospecha más plausible sobre la vacuna era que algunos escépticos afirmaban que la viruela era causada por una sustancia en descomposición en la atmósfera. Al final, muchas personas se opusieron a la vacuna porque sintieron que violaba sus libertades personales debido a las políticas de vacunación obligatoria del gobierno.

En los EE. UU., la ley de vacunación de 1853 hizo que la vacunación fuera obligatoria para bebés de 3 meses y la ley de vacunación de 1867 amplió la regla de edad a los 14 años, agregando sanciones para quienes se nieguen a vacunarse. No obstante, la norma se encontró con una gran resistencia por parte de los ciudadanos, que se dieron el derecho de controlar a sus hijos y sus propios cuerpos. En respuesta a las leyes de vacunación obligatoria, se formaron la Asociación Anti-Vacunación y las asociaciones de vacunas Anti-obligatorias, y aparecieron numerosas revistas anti-vacunas.

La manifestación de Leicester de marzo de 1885 fue una de las manifestaciones antivacunas más grandes de la historia. Alrededor de 80.000-100.000 personas, con pancartas, un ataúd infantil y un busto de Jenner, realizaron una gran marcha contra las vacunas.

Estos desarrollos y la oposición general a la vacuna llevaron al gobierno a establecer una comisión para investigar la vacuna. En 1896, la comisión decidió que la vacuna protegía contra la viruela, pero recomendó que se aboliera la pena para quienes no querían vacunarse. Con la ley de vacunación de 1898, se levantaron todas las sanciones, incluida la "prohibición de la objeción de conciencia", que impedía a los padres que no creían que la vacuna fuera beneficiosa obtener un certificado de exención.

Hacia el siglo XIX, la viruela surge en Estados Unidos con campañas de vacunación y actividades antivacunas. La Asociación Americana contra la Vacunación fue fundada en 1879, cuando un antivacunas inglés llamado William Tebb llegó a Estados Unidos. A esto le siguieron la asociación antivacunas de Nueva Inglaterra (1882) y la asociación antivacunas de Nueva York (1885). Cuando estalló la epidemia de viruela en 1902, la junta de salud de la ciudad de Cambridge ordenó que todos los residentes fueran vacunados contra la viruela. El residente de la ciudad, Hening Jacobson, rechazó la vacuna porque sabía qué era lo mejor para el cuidado de su propio cuerpo. En respuesta, el estado presentó una demanda en su contra. Después de perder el caso en la corte de distrito, Jacobson llevó el caso a la corte suprema de los Estados Unidos. En 1905 "El Estado puede dictar leyes obligatorias en caso de enfermedad contagiosa para el bien del pueblo". Con el veredicto del tribunal, Jacobson perdió el caso. Este fue el primer caso en la ley de salud pública que demostró el poder del estado en la corte suprema de los Estados Unidos.

La oposición a la vacunación y los debates sobre las vacunas no solo existieron en el pasado. A mediados de los años 70, surgió un debate internacional en Europa, Asia, Australia y América del Norte sobre la seguridad de la vacuna contra la difteria. Como resultado de esta discusión en el Reino Unido, el informe del hospital Great Ormond Street afirmó que 36 niños sufrieron problemas neurológicos después de la vacunación contra la difteria, generando una psicosis colectiva que rechazaban ser vacunados.

La confusión de la sociedad continuó debido a las diferentes visiones dentro de la profesión médica. Por ejemplo, encuestas a profesionales médicos en Inglaterra a finales de los años 70 mostraron que estas personas eran reacias a recomendar la vacuna a todos sus pacientes.

El debate en los Estados Unidos comenzó con la atención de los medios a los riesgos de la difteria. Un documental de 1982 (DTP: Ruleta de vacunación) llamó la atención sobre los efectos secundarios de la vacuna y minimizó los beneficios. De manera similar, un libro de 1991 (A Shot in The Dark) resumió el riesgo potencial. Al igual que en el Reino Unido, se formaron grupos de defensa de las víctimas de padres enojados, pero el contramovimiento de organizaciones médicas como la Academia de Pediatría y los Centros para el Control y la Prevención de Enfermedades fue más fuerte que en el Reino Unido. A pesar de la tormenta mediática que provocó varias demandas contra los fabricantes de vacunas, elevando los precios de las vacunas y provocando que algunas empresas detuvieran la producción de las mismas, la controversia; afectó la tasa de vacunación menos que en Inglaterra.

Casi 25 años después del debate sobre la difteria, Inglaterra comenzó a temblar con el debate sobre la vacuna contra la rubéola.

En 1998, Andrew Wakefield, médico británico, sugirió que se podría producir una vacuna única, ligada y mixta para las enfermedades intestinales, el autismo y la rubéola. Unos años más tarde, Wakefield admitió que la vacuna aún no se había probado adecuadamente antes de que estuviera disponible. Los medios escucharon estas historias y luego encendieron el miedo y la ambivalencia del público sobre la seguridad de la misma. Se han realizado numerosos estudios para probar la seguridad de la vacuna, pero ninguno ha encontrado una relación entre la rubéola y el autismo.

Los tiempos han cambiado, los sentimientos y las creencias profundamente arraigadas, ya sean políticas, filosóficas o espirituales, han cambiado, pero la verdad detrás de la oposición a la vacuna sigue siendo la misma desde que Edward Jenner inventó la vacuna.

10. ¿Elixir de la inmortalidad de los ricos?

Junto con las acusaciones de que Wayfair, la tienda de muebles en línea líder en los EE. UU., está involucrada en el tráfico de niños, un compuesto químico "Adrenochrome" (adrenocromo) saltó a la palestra. Según las denuncias en las redes sociales, los niños pequeños son secuestrados y asesinados para obtener esta sustancia que se produce solo en el cerebro de los niños. El adrenocromo se describe como la droga más poderosa del mundo y derivada de la adrenalina, con un valor de miles de millones de dólares. Sin embargo, el adrenocromo, que ni siquiera es una droga, está disponible como síntesis y también se vende legalmente.

¿De dónde vienen estas afirmaciones sobre el compuesto químico llamado adrenocromo?

En la novela "Miedo y asco en Las Vegas" del escritor estadounidense Hunter S. Thompson, publicada en 1972, se describe el adrenocromo como un elixir de juventud que debe extraerse del cerebro de los niños vivos. La novela, que luego fue filmada bajo el nombre de Las Vegas Parano, presenta esta síntesis química ordinaria que se convertirá en el narcótico más poderoso del mundo. Además, según las expresiones de la novela, no es posible obtener esta molécula de un cadáver, que emerge cuando la adrenalina se secreta en el cerebro de los niños. Resulta que el personaje que vende la molécula en la novela es un asesino de niños. Las teorías de conspiración basadas en la novela de Thompson también sugieren que los niños son secuestrados y torturados para obtener el adrenocromo.

Según investigaciones científicas, el adrenocromo no es una sustancia psicotrópica. El adrenocromo consiste en una molécula obtenida por oxidación de la adrenalina, y sus efectos en el cuerpo humano aún no se conocen por completo. Aunque algunos investigadores han argumentado que el adrenocromo está relacionado con la esquizofrenia, los efectos alucinógenos o psicotrópicos de la molécula no han sido confirmados por estudios científicos. La molécula de adrenocromo se puede sintetizar en el laboratorio y no está incluida en la lista de medicamentos del Ministerio de Salud francés, por ejemplo. Asimismo, no se considera una sustancia prohibida en los EE. UU.

El Adrenochrome es vendido por la compañía canadiense de investigación química de Toronto por $ 50 por 25 mg. Los laboratorios Fine Technologies con sede en China, contactados por AFP, venden 25 mg de adrenocromo puro al 98% por $ 129.

Según Laurent Karila, psiquiatra y especialista en adicciones del hospital francés Paul Brousse, dado que el adrenocromo es un derivado de la adrenalina, es posible que tenga efectos adrenérgicos como latidos rápidos del corazón y sudoración, pero las afirmaciones de que es una droga milagrosa son completamente irreales.

11.   El triángulo de las Bermudas!

El Triángulo de las Bermudas, un poderoso punto magnético en la Tierra que atrae barcos y aviones y los sumerge en la destrucción. Es un área frente a la costa este de los Estados Unidos, y es un hecho, no una suposición vaga, que muchos barcos han muerto en esta área. El porqué de esto, sin embargo, está abierto a la especulación. Por las reglas de los teóricos de la conspiración; ¿Por qué elegir la explicación simple, cuando también hay una explicación complicada y rebuscada? Por ejemplo, ¡podría ser la ubicación de la Atlántida hundida! O un área que ha sido tomada por extraterrestres, que atraen a las naves y sus tripulaciones para experimentar. O hay 'simplemente' fuerzas y elementos sobrenaturales.

La Guardia Costera de EE. UU. y otros expertos rechazan todas estas opciones. Señalan el hecho de que el Triángulo de las Bermudas, es una gran área que tiene que lidiar con un tráfico marítimo extremadamente pesado, y que simplemente está sujeto a accidentes de tráfico. Los accidentes no son más comunes que en cualquier otra zona con tanto tráfico marítimo. Además, el área es visitada frecuentemente por tormentas tropicales y olas gigantes, y el área sufre una alta actividad pirata.

12.   El atentado del 11 de septiembre

El mundo se conmocionó cuando dos aviones chocaron contra las torres gemelas de la ciudad de Nueva York el 11 de septiembre de 2001. Un tercero voló al Pentágono. Murió mucha gente y se estremeció el mundo, renaciendo el miedo al terrorismo. Sin embargo, ¿qué pasa si no fue Al Qaeda el que causó este horrible desastre, sino el propio gobierno de los Estados Unidos? La versión más suave de esta teoría es que el gobierno había sido advertido sobre estos ataques, pero optó activamente por no hacer nada al respecto. La otra versión: ¡el gobierno tuvo un papel activo en el desarrollo de ese ataque! ¿Por qué? Para justificar la guerra con Irak y Afganistán, por supuesto. ¿Qué mejor manera de unir a la gente para un ataque convincente en el Medio Oriente que el ataque del 11 de septiembre? ¿No estaban todos los estadounidenses, después del 11, convencidos de la necesidad de tomar medidas enérgicas contra el terrorismo?

Casi todas las teorías de conspiración son posibles, pero poco probables. Pueden, en principio, poseer una fuente de verdad. Si bien las explicaciones alternativas suelen ser más lógicas y fundamentadas, eso no significa necesariamente que las teorías de la conspiración no sean ciertas. Por lo tanto, no están necesariamente equivocadas, simplemente son muy poco probables.

Las primeras declaraciones al respecto aparecieron solo unas horas después de las explosiones. Los testigos presenciales creían que los aviones no podían infligir tal daño y destruir completamente los edificios. Esto requería acceso a ambos centros comerciales y mucho tiempo para colocar los explosivos en los lugares "correctos". ¿Y cómo pudo suceder que el sistema de defensa aérea estadounidense no tuviera tiempo para prevenir los ataques?

Exámenes posteriores demostraron que la versión de una detonación controlada era errónea. Las estructuras de soporte de las torres resultaron dañadas por el fuego de los aviones en llamas y destruidas tras el derrumbe de los pisos superiores. A pesar de esto, muchas personas todavía se refieren al estado estadounidense como cómplice de los ataques.

Un estudio de la Universidad Chapman de 2016 confirmó que el 54,3% de los estadounidenses cree que los funcionarios están ocultando información sobre los eventos. Desde entonces, las teorías de la conspiración del 11 de septiembre se han abierto camino en docenas de libros y varios documentales, el más famoso de los cuales es Loose Change de Dylan Avery.

Principales argumentos de conspiración:

Afirmación 1: Cuando se quema el combustible del avión, está entre 400-800°C. ¿Cómo se pueden destruir estas estructuras cuando el acero debe estar a 1500°C para fundirse?

Los valores dados respecto a los grados son correctos. Pero la conclusión a la que se llega es incompleta. No es necesario que el acero se derrita por completo para que las torres colapsen. Sería más que suficiente para debilitar la fuerza estructural que exhibe para soportar la estructura. El acero se funde a 1500 °C, pero pierde el 50 % de su resistencia cuando se acerca a los 600 °C y el 90 % cuando alcanza los 1000 °C. Esto hace que la destrucción sea inevitable.

¿Qué pasa con el aislamiento térmico en los edificios? El material de aislamiento había sido desplazado por el impacto de los aviones, y la estructura estuvo expuesta a temperaturas aún más altas de lo esperado. Como el edificio estaba expuesto a más calor, el fuego en el interior también provocó que el fuego continuara durante un período más prolongado, lo que permitió que la temperatura ambiente alcanzara los 1000 °C según las mediciones.

Afirmación 2: es imposible que las torres sean destruidas solo por ataques aéreos, a menudo se ven tales caídas en el uso de explosivos controlados. En lugar de colapsar sobre sí mismo, se espera que una estructura impactada lateralmente se incline hacia un lado y caiga. Esta es una expectativa de sentido común, pero no siempre es cierta.

Los argumentos más comunes para un reclamo de demolición controlada son que la duración de la caída es similar a la de una demolición controlada e imágenes de ventanas en los pisos inferiores que estallan durante el colapso. Sin embargo, contrariamente a lo que suelen afirmar los teóricos de la conspiración, el "tiempo de colapso" en las demoliciones controladas no siempre es exactamente el mismo: es posible obtener tiempos que no se superponen de ninguna manera, dependiendo del tipo de edificio, tipo de destrucción, y las características de los explosivos utilizados

Las explosiones en los pisos inferiores son el resultado directo de la presión creada por los pisos superiores sobre los pisos inferiores debido al colapso de las columnas. Dado que el edificio se derrumba primero desde el área central de la planta y luego desde las áreas exteriores, los pisos que aún no parecen colapsar cuando se ven desde el exterior se están derrumbando desde el interior. Por lo tanto, es normal ver vidrios rompiéndose incluso unos pocos pisos por debajo de la línea de colapso.

También hay que sospechar cómo, en esas torres, donde había entre 50 y 100 mil personas (entre trabajadores y turistas) en un día normal de trabajo, un equipo de demolición profesional pudiera colocar explosivos en puntos "específicos" sin ser atrapado por cualquiera. Muchos argumentos fueron esgrimidos por teóricos de la conspiración para "superar" este problema. Como excusa se usaron los frecuentes cortes de luz en las semanas previas al 11 de septiembre, y se afirmó que todo estaba planeado, gracias al suministro eléctrico de la citada zona de Nueva York por la compañía eléctrica del hermano del presidente de los Estados Unidos. Estos son inconsistentes con las investigaciones independientes y no son argumentos sólidos para explicar la colocación de bombas con la precisión requerida para derribar un enorme edificio que emplea a miles de personas.

Algunos testigos presenciales dijeron haber escuchado explosiones antes y durante la caída de las torres. Lo que se percibe como una explosión es el hecho de que los pisos, que pierden su fuerza estructural y no pueden resistir más, se derrumban y expulsan rápidamente el aire de los pisos inferiores junto con el polvo de hormigón. Dado que la gravedad también juega un papel en el trabajo, se aplica una gran fuerza hacia abajo. El aire expulsado fue tan rápido que los fragmentos chocaron contra las estructuras vecinas a 800 kilómetros por hora.

Afirmación 3: Algunas de las fotografías tomadas muestran haces cortados en las columnas. Está claro que se usaron nanotermitas para lograr tal cosa.

Pero en realidad no se encontraron rastros de nanotermitas en los escombros recolectados en la escena durante ocho meses, por lo que esta afirmación es infundada. Además, las nanotermitas se presentan como explosivos mágicos porque son "geniales" por su nombre, mientras que, si quisiera que las nanotermitas fueran lo suficientemente efectivas para cortar columnas de acero, se necesitarían 100 mil kilogramos para toda la estructura, no solo un puñado.

Es cierto que hay vigas que parecen haber sido cortadas en algunas fotos tomadas después de la demolición. ¡Eso es porque esos rayos en realidad fueron hechos! ¡Pero no antes de la demolición, sino después!, por los equipos que limpiaron la escena del crimen de las columnas. Los materiales sobrantes del edificio tuvieron que dividirse en piezas más pequeñas para su reutilización, fines de museos y exposiciones, y para una limpieza completa.

Afirmación 4: Se colocaron bombas nucleares debajo de las estructuras de una manera que nadie podía notar, por lo que las torres fueron arrasadas rápida y completamente.

Este es uno de los argumentos que más empuja los límites de la mente. Se dice que los cimientos de las torres fueron "pulverizados" con una bomba nuclear. Conseguir una explosión de tal manera que no sea detectada por ningún satélite o dispositivo internacional, y que no cause ningún daño al resto de la ciudad y que no provoque fugas radiactivas durante años, son preguntas difíciles que siguen sin respuesta. Se puede ver fácilmente a partir de los registros que las torres comenzaron a colapsar desde el momento de la colisión. Las torres no se derrumbaron desde la base, por lo que esta afirmación es inválida desde el principio.

Afirmación 5: El daño en el ataque al Pentágono es imposible con un avión, se disparó un misil deliberadamente para tal daño, es un hecho que hay misiles en las imágenes.

Aunque se afirma que fue un misil el que impactó en el Pentágono (sede del Departamento de Defensa de EE. UU.) en lugar de la aeronave del Vuelo 77, el equipo que llegó al lugar encontró las partes de la aeronave, que se pueden ver claramente en las fotos. Muchas fotos publicadas por teóricos de la conspiración son tomas capturadas después del desastre o tomadas deliberadamente desde ángulos equivocados. En el video que registra el evento real, se ve que algo tan delgado como un misil pasa frente a la cámara. Sin embargo, este video consta de solo 6 fotogramas y tiene una resolución extremadamente baja. Sin embargo, los investigadores lograron obtener la forma general del avión ampliando estos cuadrados y haciéndolos lo más claros posible.

Afirmación 6: El vuelo 93 aterrizó sin problemas, o fue derribado por un avión militar del gobierno de EE. UU. o no existió en absoluto.

Todas las grabaciones de audio y las pruebas recopiladas del vuelo 93 se pueden ver en el museo abierto en el lugar del accidente. Además, la existencia de familiares de los pasajeros y la total consistencia de sus relatos prueban que lamentablemente ocurrió un hecho tan trágico.

Otras afirmaciones que se oponen a la versión oficial son:

• El NORAD (Comando del Espacio Aéreo de América del Norte) podía ir y detener a la aeronave que se desviaba de su rumbo, pero como no lo hizo, permitió que la aeronave colisionara.

• A las 11:07, CNN dijo que el Edificio 7 se derrumbó a las 10:45, pero el Edificio 7 todavía estaba en pie.

• Larry Silverstein, el contratista del World Trade Center, admitió en una entrevista con él que el Edificio 7 fue detonado deliberadamente porque dijo "Tíralo".

• Se produjo un incendio en el rascacielos Windsor Tower de Madrid y aunque ardió durante 24 horas, el edificio no se derrumbó. Las Torres Gemelas colapsaron a pesar de ser más poderosas que esta estructura, por lo que está claro que se usaron explosivos.

• Aunque un avión se estrelló contra el Empire State Building en 1945, fue reparado de inmediato y no hubo derrumbe en el edificio. Esto muestra claramente que los aviones son insuficientes para el colapso de una estructura.

• Los aviones están hechos de aluminio y no pueden cortar el acero de las estructuras como si fuera un cuchillo. El segundo avión en el metraje en realidad no existía.

• Una de las tarjetas Illuminati acuñadas antes de estos ataques muestra un ataque a las Torres Gemelas, lo que significa que fue un ataque premeditado.

• El cartel sobre el 11 de septiembre en la serie de televisión Los Simpson había predicho el ataque.

• ¿Por qué los pasaportes de los terroristas no se vieron afectados en absoluto cuando todo quedó reducido a cenizas?

• Los judíos no fueron a trabajar el día de los ataques.

Cada uno de esos interrogantes que desvelan a más de uno, por supuesto tiene su respuesta lógica, aunque muchos prefieran discutirlas.

13. Teorías conspirativas detrás de la muerte de JFK

John Fitzgerald Kennedy, conocido como John F. Kennedy, fue un político y diplomático estadounidense que se desempeñó como el trigésimo quinto presidente de los Estados Unidos. También fue conocido como Jack por sus amigos o por su sobrenombre JFK. (Wikipedia)

El asesinato de JFK tuvo lugar el viernes 22 de noviembre de 1963, en Dallas (Texas, Estados Unidos) a las 12:30 p. m. Kennedy fue mortalmente herido por disparos mientras circulaba en el coche presidencial en la Plaza Dealey.

Tres investigaciones oficiales concluyeron que Lee Harvey Oswald, un empleado del almacén Texas School Book Depository en la Plaza Dealey, fue el homicida. Una de ellas concluyó que Oswald actuó solo y otra sugirió que actuó al menos con otra persona más. El asesinato todavía está sujeto a especulaciones, y es origen de un gran número de teorías conspirativas.

Algunos creen que Oswald disparó y todos están de acuerdo en que la Comisión Warren (encargada de la investigación) estaba equivocada: Oswald no estaba solo. Pero discuten sobre si fue una conspiración. Algunas de las teorías son más políticas y creíbles que otras. A continuación, un listado de ellas:

- **Los exiliados cubanos**

Cientos de miles de ellos vivían en los Estados Unidos. Muchos lo habían perdido todo cuando Fidel Castro tomó el poder. Eran anticomunistas vengativos.

Pensaron que Kennedy no había hecho lo suficiente para apoyarlos en su lucha contra Castro y el comunismo. Tenían motivos, pero el excomunista y partidario de Castro, Lee Harvey Oswald, no encaja bien en este cuadro.

- **La mafia**

A instancias del padre de John F. Kennedy, se dice que "la mafia" apoyó la elección de JFK en 1960 y se aseguró de que ganara. Joseph Kennedy compró la elección, como se le llama.

Pero se dice que la mafia no estaba satisfecha con el presidente Kennedy y, sobre todo, con su hermano menor, el fiscal general Robert F. Kennedy. Una de las muchas -supuestamente- amantes del presidente Kennedy se llamaba Judith Campbell Exner. También tuvo una aventura con el jefe de la mafia de Chicago, Sam Giancana.

Ella ha contado varias historias sobre cómo JFK estuvo involucrado en negocios turbios con la mafia. Pero Exner, quien murió en 1999, contó tantas historias que es difícil saber cuál es la verdad. Si la mafia realmente tenía un brazo extendido en la Casa Blanca, es difícil entender por qué, posiblemente, lo mataron.

- **El complejo militar-industrial**

La industria armamentista estadounidense, como cualquier otra industria, depende de la demanda para ganar dinero. A más guerra, más demanda y mayores beneficios. La industria miró los desarrollos en Vietnam con expectativas y esperanzas.

Una guerra "buena" aseguraría empleo y ganancias durante años, pero no confiaban en Kennedy. Temían que fuera un "blando" que, en el peor de los casos, sacaría a Estados Unidos de la guerra. Eso sería absolutamente devastador. Por lo tanto, tuvo que ser despejado de la carretera. Esta es una de las principales teorías detrás de la película "JFK" de Oliver Stone de 1991.

- **CIA**

Dicen que Kennedy no era un Boy Scout, y que para convertirse en presidente de los Estados Unidos y, por lo tanto, en "comandante en jefe", se debe ser cínico. Pero ciertamente a JFK lo caracterizaba el estilo y el ingenio. "Black ops o wet ops", actividades secretas destinadas a derrocar gobiernos y liquidar dictadores, no eran su estilo.

El derrocado primer ministro congoleño, Patrice Lumumba, fue asesinado, supuestamente con la ayuda de la CIA, tres días antes de que Kennedy prestara juramento como el 35° presidente de los Estados Unidos. ¿Aleatorio? Difícilmente. Y el intento persistente, pero desafortunado, de la CIA de matar a Fidel Castro fue contrario al mandato de la organización de espionaje. Por lo tanto, la CIA temía que fueran castigados. Por lo tanto, deben haberle quitado la vida.

- **El vicepresidente**

El vicepresidente Lyndon B. Johnson nació y se crio en un rancho de Texas y se comportó en consecuencia. Se le percibía como regordete y vulgar y no compartía los modales sofisticados de Nueva Inglaterra del social Kennedy.

Se había convertido en el "compañero de fórmula" de JFK por una sola razón: podía entregar Texas, y John F. Kennedy no habría ganado las elecciones de 1960 si hubiera perdido en Texas. Por lo tanto, tenía todo que agradecer a LBJ, pero el tejano nunca se dejó llevar por el calor. LBJ debe haberse sentido pisoteado y humillado. Se dice que John y Bobby lo trataron mal. "Debe haberlo hecho él mismo", según una "amante" que apareció después y contó su historia. Puede que ella no sea la fuente más creíble, y ¿el orgullo herido es el motivo lo suficientemente bueno para quitarle la vida al presidente?

- **Ku Klux Klan**

Para 1963, 100 años después de la abolición de la esclavitud, los "negros" habían comenzado a moverse en los estados del sur. Exigieron la igualdad de derechos y tomaron medidas para que esto sucediera.

Unos meses antes de que mataran a Kennedy, cuatro niñas negras perdieron la vida cuando estalló una bomba en Birmingham, Alabama. Hubo una serie de enfrentamientos violentos en los estados del sur ese verano y las autoridades de Washington DC estaban en movimiento. Los jóvenes negros fueron admitidos en escuelas y universidades "blancas", y se culpó a los hermanos Kennedy.

Pronto podrían comer en restaurantes blancos, sentarse donde quisieran en el autobús y comprar casas en barrios blancos. Los racistas del Ku Klux Klan, la Sociedad John Birch y otros miraban sombríos hacia el futuro. No ocultaron el hecho de que querían ver muerto al presidente. Algunos planearon matarlo, pero hay pocos indicios de que pudieran llevarlo a cabo. Y una vez más: Lee Harvey Oswald era un aliado improbable de estos fanáticos

• Tippit / Rubí / Dallas

En un nuevo libro llamado "Dallas 1963", los periodistas Minutaglio y Davis escriben que la ciudad de Dallas era la ciudad más anti-Kennedy y menos favorable a las reformas en los Estados Unidos. Y que había fuerzas y ambientes en la ciudad que defenderían el statu quo con violencia.

Era una alianza de extremistas de derecha en la que estaban representados tanto los adinerados como los políticos, la policía y el ejército, la iglesia y la prensa. Los conservadores de Dallas habían demostrado en ocasiones anteriores que estaban dispuestos a llegar lejos. Los autores no escriben que estas fuerzas estuvieran detrás de esto, pero algunos otros sugieren que el policía Tippit, quien supuestamente fue asesinado por Lee Harvey Oswald el mismo día, y Jack Ruby, quien mató a Oswald dos días después, en realidad estaban apoyados por este grupo de disconformes.

• El conductor

Subir al podio es una dura batalla, pero el conductor de Kennedy, el hombre que condujo la limusina del presidente en la procesión por Dallas ese día, es una propuesta creativa.

Los que apuestan por esta teoría aseguran que se lo puede comprobar en la película de Zapruder, es decir, los segundos de película que Abraham Zapruder grabó en color justo cuando caían los disparos. Allí aparece -

según los psíquicos- con bastante claridad que el conductor se da la vuelta y dispara los tiros mortales. Cuando nadie más ve esto es porque se les muestra una copia donde se eliminan los segundos reveladores.

• Jackie Kennedy/Joe DiMaggio

Esta es una teoría de los celos, por cuando Jackie y Di Maggio deben haber estado celosos por la relación de JFK con Marylin Monroe.

Se dice que la leyenda del béisbol Joe DiMaggio mató al presidente porque JFK, en opinión del ídolo deportivo, fue culpable de la muerte de Monroe, o suicidio, como lo llaman algunos. DiMaggio estuvo brevemente casado con Marylin, pero la amó por el resto de su vida y odió a John F. Kennedy, quien le había quitado a la novia de su vida. Se dice que Jackie escondió una pistola en el gran ramo de flores, aunque en la película de Zapruder no se vean movimientos para su uso.

Además, ya había decidido casarse con Aristóteles Onassis. Se dice que Joe DiMaggio planeó matar a Kennedy desde la muerte de Marylin el 5 de agosto de 1962. Más tarde se dio cuenta de Oswald: ¡odiador de Kennedy, francotirador, comunista y fanático del béisbol! Lee Harvey vivió durante un tiempo en Nueva York y, según los informes, era un gran admirador de Joe DiMaggio. ¡Está claro que asumió el trabajo como verdugo e idiota útil cuando el propio Yankee Clipper se lo pidió!

• La Unión Soviética

La, ahora extinta, URSS, dirigida por Nikita Khrushchev, había sido humillada durante la crisis de

Cuba el año anterior. Tenían un motivo evidente para la venganza

14. Jesús estuvo casado y tuvo hijos

En la sociedad judía en la que vivían Jesús y los doce apóstoles era muy raro que un hombre permaneciera célibe, ya que formar una familia y tener hijos era uno de los primeros imperativos morales de la ley judía: "Sed fecundos, multiplicaos, poblad la tierra". Además, siendo Jesús un maestro, y por lo tanto una figura pública dedicada a explicar las Escrituras, el celibato elegido habría parecido extraño a sus contemporáneos. Sin embargo, hay otros ejemplos de grandes hombres que permanecieron célibes -Juan el Bautista, Pablo de Tarso, el profeta Jeremías- por lo que no debe considerarse una posición totalmente extrema.

En los evangelios canónicos y en los textos del Nuevo Testamento nunca se menciona a una novia de Jesús o a su matrimonio. En cambio, encontramos referencias a la familia terrenal de Jesús (María y José) ya las personas que convivieron con él durante su predicación. El hecho de que ninguno de los evangelios canónicos mencione un vínculo tan fuerte sugiere que no existió en absoluto.

El tema del matrimonio está presente en varios pasajes del Evangelio, comenzando con ocasión del primer milagro público de Jesús (las bodas de Caná) y durante otros episodios en los que Jesús aclara las ideas sobre la ley de Moisés. El tema del celibato también es abordado por Jesús en el discurso sobre los eunucos en el capítulo 19 del Evangelio de Mateo: "En efecto, hay eunucos que nacen así del vientre de la madre; hay algunos que han sido hechos eunucos por los hombres, y hay otros que se han hecho eunucos por el reino de los cielos. Quien pueda entender, que entienda". El celibato de Jesús sería parte de su misión de Salvación.

Entre los discípulos había también varias mujeres. Conocemos mejor a María Magdalena, la apóstol que dejó todo para seguir a Jesús. ¿De dónde surge entonces la hipótesis de que María Magdalena pudo haber sido la novia de Jesús?

Algunos eruditos han adelantado esta hipótesis basándose principalmente en uno de los evangelios apócrifos, textos no aceptados como parte del Nuevo Testamento porque son demasiado recientes. El llamado Evangelio de Felipe, como muchos evangelios apócrifos, es un texto gnóstico. En éste María Magdalena aparece como la compañera de Jesús, amada por él más que por todos los demás discípulos. En realidad, el término "compañero" puede interpretarse de otra manera.

Otro texto que ha sacado a la luz el debate sobre la situación marital de Jesús es un texto copto, traducción de un documento en griego, llamado el Evangelio de la esposa de Jesús, cuya existencia fue anunciada en 2021 por Karen L. King, un académico de la Universidad de Harvard. El documento habla de una supuesta esposa de Jesús. Sin embargo, de los estudios realizados sobre el texto surgió una datación muy tardía con respecto a los Evangelios: el Evangelio de la esposa de Jesús resultó ser falso.

Otra serie de hipótesis está ligada a una leyenda medieval que cuenta cómo, tras la crucifixión, María de Magdalena huyó de Palestina para llegar a Francia. Llevaba consigo al hijo que tuvo de Jesús, del que se habría originado la dinastía merovingia. El estudio de esta leyenda fue retomado en el ensayo "El Santo Grial" de Baigent, Leigh y Lincoln y fue fuente de inspiración para la novela "El Código Da Vinci de Dan Brown".

Es legítimo pensar que entre Magdalena y Jesús había una relación particularmente fuerte, pero no hay evidencia confiable de que María Magdalena fuera la esposa de Jesús.

15.   La huida de Hitler

Hay numerosas hipótesis que señalan que Adolf Hitler realmente no murió aquel 30 de abril de 1945, todas unidas por la falta de pruebas sólidas. Como dijo alguna vez Carl Sagan "Afirmaciones extraordinarias requieren pruebas extraordinarias", y en este caso las evidencias sugeridas por los amantes de las conspiraciones están lejos de ser extraordinarias.

• La versión de Hugh

El primero en contar sobre el suicidio de Hitler fue Hugh Trevor Roper, historiador y agente de la inteligencia británica, encargado de investigar las últimas horas del führer: su versión, publicada en el libro "Los últimos días de Hitler", se creía fidedigna. Sin embargo, Roper, a principios de la década de 1980, también declaró auténticos los diarios de Hitler encontrados en Dresde, que en cambio resultaron ser una falsificación sensacional.

Quienes niegan la historia del búnker y el suicidio se refieren a este último episodio: ¿y si Trevor Roper, frente a Hitler, hubiera actuado más como un agente secreto que como un historiador?

• **Los dobles**

Habiendo escapado de varios ataques que habían amplificado su esquizofrenia paranoide, Hitler pudo haber contratado dobles para protegerse, como el conocido Gustav Weler: informes confidenciales guardados en los archivos de la KGB, confirmarían que hubo incluso dos de ellos en el búnker. Entre otros, el periodista Marco Dolcetta menciona esto en su libro "Fantasmas del Cuarto Reich".

• **Los archivos del servicio secreto de los EE.UU**

Los servicios secretos estadounidenses se han ocupado en varias ocasiones de la muerte del dictador, con algunos reportajes también bastante imaginativos. Entre los partidarios de un Hitler vivo también estaba aparentemente Edgar J. Hoover, el poderoso jefe del FBI de 1935 a 1972. Hoover recibió informes oportunos de varios informantes, seguro de haber visto a Hitler y Eva Braun en un tren o sentados en un café, justo en las narices de administraciones complacientes. Algunos de estos documentos han sido "desclasificados" recientemente, en la última década, parcialmente censurados (los nombres de fuentes, testigos y empleados del FBI). Sin embargo, según el periódico israelí Haaretz, Hoover "maniobró", utilizando archivos, para presionar al gobierno y al ejército, y ganar ventaja sobre el principal antagonista del FBI, la CIA.

- **La biblioteca**

En su libro, Marco Dolcetta también afirma que en América del Sur se encontraron algunos libros de la biblioteca personal de Hitler; "según la lógica", esto sugeriría que los llevó consigo en el largo viaje, a miles de kilómetros de "su" Alemania.

El autor escribe: "La procedencia de los libros está certificada por el ex libris del führer (una especie de sello de propiedad) y por notas manuscritas escritas con la misma letra que los comentarios al pie de los volúmenes de la biblioteca en el Berghof, la residencia privada de Hitler en los Alpes bávaros". Sin embargo, a pesar de lo fascinante que es esta evidencia, es demasiado débil: si es cierto, esos libros pueden haber venido de otras fuentes. No olvidemos que los neonazis -y entre estos también los admiradores del führer- son recolectores de artículos de la "gloriosa" Alemania.

- **El misterio de los submarinos**

En Oltremare Sud (Tropea Editore), tomo de 700 páginas, los periodistas Juan Salinas y Carlos De Napoli reconstruyen la travesía atlántica de unos submarinos alemanes, los llamados "lobos grises", escapados al control de los aliados a los que se habían rendido los demás buques de guerra.

Lo mismo hizo Abel Basti, uno de los periodistas argentinos más conocidos y autor de "Tras la pista de Hitler". Todos los autores informan que los submarinos habían cancelado el antiguo número de serie, adoptando todos, las siglas U-530, y esto se interpreta como una coincidencia significativa (un término que para los teóricos de la conspiración de todos los tiempos tiene el valor de una conspiración, de hecho).

- ### **El ADN**

Durante mucho tiempo, los soviéticos afirmaron estar en posesión del cadáver de Hitler, pero en 2009, las pruebas de ADN realizadas por Nick Bellantoni (Universidad de Connecticut) en un cráneo que los funcionarios soviéticos creían que era de Hitler, revelaron que los huesos pertenecían probablemente a una mujer menor de cuarenta años. Hasta la fecha, no hay pruebas comparativas de ADN sobre la materia cerebral encontrada en el sofá del búnker de Berlín, donde supuestamente se suicidó Hitler (lo que aún despierta las sospechas de los fanáticos de CSI).

- ### **Hospitalidad sureña**

¿Por qué los aliados deberían haber protegido la fuga de Hitler? Una razón podría ser un acuerdo secreto para poner fin a las hostilidades sin más derramamiento de sangre, tras el bombardeo de Berlín. Además, para interrogar a Hitler lejos de los soviéticos y de la furia popular, que ya había impedido que estadounidenses y británicos se reunieran con Mussolini, la única forma era declararlo muerto.

También se sabe que los prófugos nazis tenían una red protectora entre las dictaduras sudamericanas, donde ya prosperaban colonias y pequeñas comunidades alemanas de modelo nazi: desde la Argentina de Perón hasta el Paraguay de Stroessner, desde el Brasil de Castelo Branco hasta el Chile de Pinochet habrían sido muchos los países dispuestos a ser anfitriones de la élite del Reich, y un aliado útil en la batalla contra los levantamientos revolucionarios, como lo revela el documental de Kevin Macdonald "El enemigo de mi enemigo: la CIA, los nazis y la Guerra Fría".

De nuevo, muchas hipótesis y poca evidencia.

Terminada esta lista, vale la pena volver a las verdaderas razones que impulsaron este florecimiento de las "leyendas urbanas" en la posguerra. Hay al menos dos.

La primera fue la Guerra Fría. Los soviéticos habían capturado el búnker de Hitler y solo ellos sabían lo que realmente sucedió en Berlín el 30 de abril de 1945. En el mundo occidental, sin evidencia directa, el rumor se extendió poco después de que terminara la contienda y sobrevivió durante años. En 1952, por ejemplo, el presidente estadounidense Dwight Eisenhower declaró: "No hemos podido encontrar ninguna prueba de la muerte de Hitler. Muchos piensan que ha huido de Berlín». La verdad solo salió a la luz 55 años después, tras la caída del bloque soviético.

El hallazgo de documentos de los servicios secretos rusos permitió por fin esclarecer por completo el final de Hitler: el dictador se había suicidado, junto con Eva Braun y el jefe de propaganda Joseph Goebbels, y los cuerpos habían sido quemados, como él mismo lo había ordenado. Luego, los militares rusos se llevaron los restos y los enterraron. Exhumados por orden de Brezhnev en 1970, finalmente se dispersaron en las aguas del río Ehle.

La segunda causa de la difusión de estos rumores es más inherente a nuestra psicología: nos gusta pensar que ciertos personajes nunca han muerto. Sucedió con Elvis Presley, el Che Guevara, Napoleón, Jim Morrison de los Doors y muchos más.

16.   #10yearschallenge

Más de siete millones de personas se convirtieron en participantes del flash #10yearschallenge, o "el reto de los 10 años" en español.

Dicho desafío viral de las redes sociales consistió en publicar una foto personal de hacía diez años, junto a otra del 2019, fecha en que se lanzó la propuesta.

El juego se extendió rápidamente y en él participaron desde usuarios comunes de Facebook e Instagram hasta celebridades y cuentas de autoridades oficiales o personas que simplemente querían bromear. Los cambios sucedidos con una diferencia de diez años fueron mostrados no solo por los usuarios comunes de Internet, sino también por personalidades tan populares como Madonna, Jennifer López, Anne Hathaway, Reese Witherspoon. Sin embargo, los internautas atentos creen que esto no es solo una maratón de fotos inofensiva, muchos están seguros de que el desafío se lanzó para formar una enorme base de datos.

Una de las voces más prominentes que advirtió sobre el peligro ha sido la de Kate O'Nell, reconocida consultora tecnológica, que ha publicado un artículo de opinión en 'Wired' al respecto: "El ser humano es la mejor fuente de información para la mayoría de la tecnología que emerge en el mundo", asegura en su artículo. "Debemos saber esto, y proceder con la debida diligencia y sofisticación".

En opinión de O'Nell, aunque como han advertido muchos usuarios Facebook ya tenía muchas de estas fotografías, esta campaña tiene una utilidad concreta para la empresa: "Imagine que desea entrenar un algoritmo de reconocimiento facial sobre características relacionadas con la edad y, más específicamente, sobre la progresión de la edad (por ejemplo, cómo es probable que las personas se vean a medida que envejecen). Idealmente, querría un conjunto de datos amplio y riguroso con imágenes de muchas personas. Y sería útil si supiera que se tomaron con un número fijo de años, por ejemplo, 10 años".

Los marcos "antes y ahora" se pueden utilizar tanto para recopilar información personal como para mejorar las redes neuronales. El entretenimiento nostálgico de los usuarios de internet ayudaría a la inteligencia artificial a aprender a predecir los cambios en los rostros relacionados con la edad e incluso determinar el estado de salud de las personas. Según una versión, la acción fue lanzada por Facebook. Sin embargo, los representantes de la red social niegan su participación. Sin embargo, esta no es la primera teoría conspirativa popular.

17.   ¿Vivimos en la Matrix?

Al igual que en la famosa película de 1999 "La Matrix", muchos sostienen la teoría de que todo lo que nos rodea no existe y que nuestra vida es una gran simulación digital.

Como sabemos, la trilogía Matrix, que es la versión popularizada de lo que llamamos la hipótesis de la simulación, trata el tema de vivir en un enorme videojuego online. La película se inspiró en el libro

"Simulacra and Simulation" del filósofo y sociólogo francés Jean Baudrillard. Cuando salió The Matrix por primera vez, la idea de vivir en un videojuego era puramente ciencia ficción.

Hoy, sin embargo, la hipótesis de la simulación es objeto de serios debates por parte de informáticos, filósofos, físicos y otros. Este argumento se toma en serio por dos razones. El primero es "¿Vives en la simulación?" del profesor de Oxford Nick Bostrom, quien sugirió que el universo podría consistir en una simulación codificada de una civilización muy avanzada.

El segundo, trata sobre los videojuegos. Estamos avanzando a un ritmo increíble en tecnología gráfica. Si el ritmo de desarrollo de los videojuegos continúa de esta manera, dentro de unas pocas décadas tendremos juegos hiperrealistas que son indistinguibles de la realidad. Es por eso que es mucho más fácil ver el camino desde el mundo de la realidad virtual actual hasta algo como The Matrix que en 1999, cuando se estrenó la película.

Situaciones que piensan que podemos estar viviendo en simulación:

- **Todavía no hemos alcanzado la vida extraterrestre viva**
Hemos gastado miles de millones de dólares enviando sondas al espacio exterior. Como resultado, probablemente ya deberíamos haber encontrado evidencia de extraterrestres, ¿verdad? Tal vez la computadora en la que estamos solo tiene suficiente RAM para simular una civilización planetaria a la vez.

- **Comportamiento extraño de los electrones**

En el famoso experimento de doble rendija de la física, se disparan electrones a una pantalla sensible a la luz a través de rendijas en una placa de cobre. Esto generalmente produce un patrón de interferencia que exhibe un comportamiento similar al de una onda. Pero cuando el mismo experimento se realiza bajo observación, los electrones se comportan como partículas, no como ondas. Como resultado, no existe un modelo de empresa. Los creyentes de la hipótesis de la simulación responden a esta situación de la siguiente manera.

La razón por la que los videojuegos han llegado tan lejos en unas pocas décadas se debe a las técnicas de optimización. Es imposible incluso para las computadoras de hoy mostrar todos los píxeles de un solo mundo 3D en tiempo real. En cambio, la información se almacena fuera del mundo renderizado como modelos 3D. A continuación, se representa lo que un personaje en particular solo puede ver desde un ángulo particular. En resumen, sólo emerge lo observado. Muchos defensores de la hipótesis de la simulación consideran que la incertidumbre cuántica es una técnica de optimización con la misma idea básica: simplemente revela lo que se observa.

- **Virus informático que contiene ADN**

En 2017, un grupo de investigación de la Universidad de Washington demostró que pueden incrustar códigos informáticos maliciosos en hebras físicas de ADN. Su objetivo era mostrar que las computadoras que trabajan en la secuenciación de genes son vulnerables a los ataques. Pero es posible que también hayan descubierto accidentalmente que lo que percibimos como realidad biológica era en realidad un código de computadora desde el principio.

• **Somos buenos simulando**

En 2014, el Centro de Astrofísica Harvard-Smithsonian conectó 8.000 computadoras. Como resultado, hizo una simulación de 350 millones de años luz de nuestro universo. El hecho de que el videojuego Los Sims vendiera 125 millones de copias en sus primeros diez años demuestra que también queremos jugar con simulaciones. Cualquiera que haya jugado un juego de realidad virtual convincente comprenderá que es posible olvidar el mundo real y "creer" que el mundo que ves es real. Si una versión futura de la humanidad fuera capaz de crear simulaciones más realistas, no sería una sorpresa que decidieran usarla.

• **Ya sabemos cuáles son los "ladrillos" de nuestra matriz**

Las imágenes digitales están formadas por píxeles. También hay algo parecido a los píxeles en nuestro mundo. La escala de Planck en el mundo de la microescala de los átomos y las partículas es algo así como los píxeles. Porque no hay unidad más pequeña que ella. Según aquellos que creen en la simulación, es posible que hayamos encontrado el bloque de construcción del universo del tamaño de un píxel. El punto donde nuestros conceptos de longitud de Planck, gravedad y espacio-tiempo ya no se aplican. Si se simula nuestro mundo, la longitud de Planck será igual a un bit de información o un píxel.

• **¿Por qué nuestro universo tiene "límites"?**

El cosmólogo del MIT Max Tegmark apunta a las estrictas leyes de la física de nuestro universo como posible prueba de que vivimos en un videojuego. Por ejemplo, la velocidad de la luz. Si nuestro mundo es una realidad virtual, tiene que ser un sistema basado en el procesamiento de datos. Para que tal situación ocurra en informática, debe ocurrir una selección dentro de conjuntos finitos. Así que este mundo de conjuntos finitos debe tener una velocidad de exploración como la que tienen las computadoras. Para aquellos que creen en la teoría de la simulación, la velocidad de la luz representa el límite de velocidad para la transferencia de información dentro de la red de nuestra simulación.

- **Materia oscura y Energía oscura**

Por si las peculiaridades anteriores no fueran suficientes, nos encontramos ante dos grandes misterios que no sabemos cuáles son. Uno de ellos es la materia oscura. La otra es la energía oscura, responsable de la expansión acelerada del universo. No sabemos qué es la materia oscura. Pero sabemos que, sin esa sustancia, los cuerpos celestes de las galaxias no podrían permanecer juntos, porque la fuerza gravitacional por sí sola no es lo suficientemente fuerte para formar una galaxia. En otras palabras, es la misma materia que no podemos ver la que mantiene unido el contenido de la galaxia. Del mismo modo, no sabemos por qué existe la energía oscura. Pero sabemos que, al actuar como una especie de gravedad negativa, estira y expande el universo.

- **Enredo cuántico**

Imagine que, en dos puntos muy distantes del universo, dos partículas pueden compartir datos instantáneos entre sí sin estar limitadas por los límites del espacio-tiempo. Esto realmente está sucediendo. Lo que se transmiten entre sí puede no ser información significativa según nuestros estándares de información. Sin embargo, tan pronto como comenzamos a observar uno de ellos, si la partícula rastreada gira hacia arriba, la otra comienza a girar en la dirección opuesta. ¡Esta comunicación es más rápida que la luz! Las computadoras cuánticas de hoy funcionan usando exactamente esta extraña situación. Muchos más eventos inexplicables son quizás las fallas en la simulación.

Resumiendo, y aceptando las premisas de esta teoría (que no son tan obvias)- según Bostrom matemáticamente es mucho más probable que el mundo que nos rodea sea una simulación. Vale la pena señalar que el mismo filósofo que dio origen a esta teoría científica, que luego se convirtió en una teoría de la conspiración en contra de su voluntad, ha declarado en repetidas ocasiones que no cree estar viviendo en una simulación digital.

18. Internet ya no existe

No solo internet es el principal medio de difusión de las teorías de la conspiración, en un cortocircuito conspirativo es el propio internet el protagonista de una teoría según la cual, en realidad, la red no existe. Según esta extraña hipótesis, que comenzó a difundirse en enero de 2021 en un oscuro foro, donde la publicación ya se ha leído casi 100.000 veces, y luego llegó a Reddit y finalmente también a YouTube, entre finales de 2016 y principios de 2017 el Internet original, poblado por humanos, estaría muerto.

Una de las pistas radica en la cantidad de mensajes idénticos que pueblan Twitter y otras redes sociales. Aquí no se trataría de una campaña política coordinada, sino de bots automáticos que difunden contenidos en internet. Según sus seguidores, todo Internet se convertiría en una enorme herramienta de propaganda gubernamental automatizada, operada exclusivamente por bots y destinada a nublar los cerebros de las personas para poder controlarla y transformarlas en esclavos sin que lo adviertan.

19.   El COVID 19

Ningún teórico serio de la conspiración podría pensar que un evento colosal como la pandemia de Covid-19 es el resultado de la casualidad (o el caos) y que nadie ha tenido un control directo sobre él. De hecho, según los teóricos de la conspiración, la pandemia fue orquestada directamente por figuras de renombre mundial. Fueron ellos quienes planificaron la propagación del Covid-19, para diezmar a la población, sumir al mundo en un constante estado de emergencia y así tomar el control del planeta. Dando vida - obviamente- al Nuevo Orden Mundial.

Directamente ligada a la anterior, está la teoría de la conspiración según la cual no solo se ha orquestado la pandemia, sino que evidentemente también las vacunas que se utilizan para contrarrestarla son en realidad un arma en manos del enemigo. Como seguramente se sabe, en el interior de estas vacunas se insertaría un increíble "chip para 5G", gracias al cual es posible controlar mentalmente a cada persona que ha sido inoculada a distancia. ¿El objetivo? Siempre lo mismo: dominación mundial.

El pueblo vacunado se convertiría en efecto en dóciles corderos maniobrados como marionetas y ahora incapaces de oponerse a los planes de las potencias fuertes. Obviamente, las teorías de conspiración de vacunas son mucho más variadas y no siempre involucran 5G (que es la última tecnología de datos móviles). Por increíble que parezca, algunas de las personas que aún no se vacunaron lo hicieron porque, de una forma u otra, se dejaron persuadir por esta loca teoría de la conspiración.

20. Los protocolos de Sion

"Los protocolos de los sabios de Sion" y teorías de conspiración similares siguen siendo una característica común de los contextos antisemitas en todo el mundo. Pero la escritura no fue creada por judíos, sino por la policía secreta del zar ruso.

Estos textos fueron creados por la policía secreta zarista alrededor del cambio de siglo en 1900 y difunde la noción de una conspiración mundial judía. Los protocolos se utilizaron como propaganda contra los judíos en la Alemania nazi y los extremistas de derecha y otros grupos antisemitas todavía los difunden hoy, a menudo en el Medio Oriente.

Durante los años 1881-1884 y 1903-1906, miles de judíos fueron asesinados en Rusia y Ucrania. Los judíos fueron perseguidos, sus propiedades destrozadas y ellos golpeados y asesinados en disturbios violentos. Millones de judíos abandonaron Rusia y la mayoría buscó refugio en los Estados Unidos. En 1905 se había publicado el acta de Zion Wise, un documento escrito por la policía secreta del zar, pero que pretendía ser derivado del Congreso Sionista de Basilea en 1897. El acta de Sion describe cómo los "judíos" pretenden destruir el cristianismo, y entre otras cosas, propagar epidemias. Se alegaba que el documento probaba que los judíos controlaban la política, los medios de comunicación y la economía mundial, y que había una conspiración judía mundial destinada a conquistar el mundo. Después de la Revolución Rusa de 1917, los Protocolos de los Sabios de Sion se generalizaron internacionalmente y se afirmó que la Revolución Comunista era una conspiración judía.

Para Hitler y los nazis, el protocolo de los Sabios de Sion fue central en la propaganda e incitación contra el pueblo judío. El fabricante de automóviles estadounidense Henry Ford difundió propaganda antisemita, extractos y citas tomados de las actas de Zion Wise en su libro "The International Jew" y en su revista "The Dearborn Independent". En 1938, Henry Ford recibió el premio honorífico alemán de la Orden del Águila, instituido por Adolf Hitler.

21.   Titanic: ¿cómo fue realmente?

Recordemos al principio cuál es la versión oficial de los hechos de 1912. El barco se estrelló contra el iceberg, ingresando agua a raudales a cada uno de los compartimientos estancos debido a la enorme presión, hasta que la parte llena superó el peso de flotabilidad y el barco se hundió. Apenas nada dejaba lugar a dudas: se conocía la ruta del barco, los nombres de la gran mayoría de pasajeros y la causa del accidente.

En el momento del desastre, el trasatlántico era administrado por White Star Lines, la compañía de John Pierpont Morgan, el famoso empresario, fundador del imperio empresarial conocido hoy como JP Morgan.

Fue la figura de este empresario la que inspiró la creación de al menos dos teorías de la conspiración basadas en la suposición de que el naufragio era una tapadera para alguna "estafa" mayor:

Primera teoría: El Titanic fue hundido deliberadamente para que perezcan los opositores a la creación de la reserva de divisas de EE.UU.
La Reserva Federal es un banco central estadounidense que se estableció por iniciativa de, entre otros, Morgan. La reserva debía ayudar a controlar la situación y desarrollar una política monetaria en caso de que se repitiera el pánico bursátil de 1907.

Y fueron los que se opusieron a la idea de crear un banco central estadounidense los que iban a morir en el Titanic. Entre ellos se encontraban Benjamin Guggenheim, Isidor Strauss y Jacob Astor, a menudo colocados en memes de "conspiración".

Pero, ¿esta teoría tiene credibilidad? Bueno, no demasiado. Ninguno de estos millonarios dejó declaraciones específicas contra la Reserva Federal.

Segunda teoría: el Titanic en realidad no se hundió. ¿Pero cómo? Después de todo, hemos documentado toda la operación de rescate, ¿y las personas que se ahogaron durante el viaje realmente murieron? Resolviendo el rompecabezas: de hecho, su hermano gemelo, el RMS Olympic, se hundió en lugar del RMS Titanic. Olympic nombró a toda la clase de barcos: Olympic, Titanic y Britannic.

Olympic, de hecho, sobrevivió a sus hermanos y navegó por la ruta del Atlántico Norte hasta 1935. Pero en el mundo de las teorías de la conspiración, se hundió en lugar del Titanic, y lo que consideramos Olympic fue un Titanic "rebautizado".

¿Cómo pasó esto? Bueno, en 1911, Olympic registró una colisión con un barco militar (de hecho lo fue). Como la compañía de seguros se negó a pagar el seguro, supuestamente se intercambiaron los barcos para hundir el "irreparable" Olympic y cobrar el dinero del seguro del Titanic.

El problema es que el Olympic y el Titanic eran estructuralmente diferentes. No fue suficiente, como dice la teoría de la conspiración, reemplazar las placas con los nombres. Estas diferencias de diseño son visibles en las fotografías supervivientes, y el naufragio del Titanic descubierto lleva placas de identificación con el número 401 apropiado (es decir, Titanic).

Como dato suplementario al tema dinero, vale acotar que el Titanic estaba muy mal asegurado. La suma recibida por la destrucción del buque fue muchas veces inferior a los costes incurridos, incluso sin tener en cuenta las reclamaciones por daños y perjuicios a las que tuvo que hacer frente White Star Line.

22.   Frecuencia de sonido

Los defensores de la teoría de la conspiración de la frecuencia del sonido afirman que Joseph Goebbels, el Ministro de Propaganda del Tercer Reich, ordenó que se cambiara la frecuencia de afinación de los instrumentos musicales para manipular a las masas.

Los instrumentos musicales deben estar afinados con algún patrón común. Los músicos pueden escuchar el sonido de una afinación en Do de oído, pero el hecho mismo de afinar de esta manera ya es un tema de estandarización. Esto se debe a que los diferentes instrumentos funcionarán bien juntos, incluso cuando dos bandas tocan juntas.

Usualmente dado como un estándar, el llamado concert A 4 o simplemente A. Actualmente están ajustados a 440 Hz, pero no siempre fue así.

440 Hz como estándar se adoptó por recomendación de Johann Heinrich Scheibler, un científico acústico autodidacta. Entre otras cosas, creó el primer tonómetro, un dispositivo que mide la frecuencia del sonido. El estándar fue reconocido a finales del siglo XIX en Alemania y en las primeras décadas del siglo XX fue adoptado en todo el mundo. Esto fue confirmado por las instituciones de normalización: la American Standards Association en 1936 y la Organización Internacional de Normalización en 1955, como ISO 16.

El estándar de afinación ha evolucionado. No siempre fue de 440 Hz. Desde el momento de la invención del diapasón (es decir, el instrumento que produce el sonido A cuando se golpea), se puede observar la llamada sintonización de la inflación de sonido. En 1740, Handel utilizó una frecuencia de sonido de 422,5 Hz. El diapasón utilizado en 1815 por la orquesta de Dresden estaba afinado a 423,2 Hz, en 1826 ya a 435 Hz. Los instrumentos afinados más altos se destacaron y dieron un sonido "más brillante" y más vivo.

De acuerdo con los defensores de la teoría de la conspiración de la frecuencia de los sonidos, la frecuencia de sintonización natural es de 432 Hz. El cambio a los ominosos 440 Hz. fue realizado por Joseph Goebbels, el Ministro de Propaganda del Tercer Reich. Se suponía que debía hacerlo para provocar agresión en las personas.

La modificación de dicha afinación musical con la diferencia, tan solo, 8 Hz, supone una auténtica alteración emocional en la percepción auditiva de las ondas acústicas. Había una incitación -sibilinamente maquiavélica- para que la música adquiriera una enervación de las capacidades neuronales del pueblo alemán. Tal cambio supone una alteración en el pensar y en el sentir de una manera determinada, hacia una excitación en mayor grado respecto a la audición musical de la nota LA afinada en 432 Hz.

432 Hz. como base de la afinación tiene propiedades divinas, está sintonizado con las vibraciones del universo y también tiene propiedades numerológicas, por ejemplo, es la suma de números primos sucesivos y aparentemente varias pirámides tienen dimensiones que son múltiplos de 432.

Heinrich Hertz definió su unidad como el número de ciclos por segundo, es decir, 1/3600 hora. No es una medida natural del tiempo, y los números asociados con las frecuencias son aleatorios y es difícil encontrarles un significado numerológico. Nos basta con dividir un minuto en 100 segundos, no en 60, y serían diferentes. No hay posibilidad de que el universo se adapte al descubrimiento de un físico alemán.

En 1999, se publicó el libro de Leonard Horowitz "Códigos curativos para el Apocalipsis biológico", en el que el autor identificó, basándose en la frecuencia divina de 432 Hz, una serie de otros que supuestamente tienen propiedades milagrosas cuando los escuchamos. Se basan en frecuencias solfeggio (palabra italiana) que significa ejercicios vocales para aprender música. Éstos son algunos de ellos.

- 174 Hz - te permite liberarte de miedos y traumas
- 396 Hz - te libera de la culpa y el miedo
- 417 Hz: le permite invertir el curso de los eventos. Facilita la transformación.
- 432 Hz - Citaré una de las páginas sobre este tema: "la vibración de la proporción áurea de PHI, une las propiedades de la luz, el tiempo, el espacio, la materia, la gravedad y el magnetismo con la biología, el código del ADN y la conciencia"
- 582 Hz - Repara el ADN.

Hay más de estas frecuencias. La mayoría se han descrito con bastante precisión, pero de manera vaga ("La frecuencia de 1122 Hz complementa perfectamente el trabajo de curación fantasma en el nivel etérico, donde se renuevan las células y los órganos del cuerpo").

23.   ADN alienígena

Los científicos están mejorando en el almacenamiento de datos en ácido desoxirribonucleico. El ADN es tan buen portador de información que algunos científicos creen que en el pasado alguien o algo usó las propiedades del ADN para crear homo-sapiens.

El argumento citado con más frecuencia de los partidarios de esta teoría es que hasta el 98 por ciento las secuencias contenidas en el ADN humano contienen un código genético que no codifica proteínas. Se trata de una enorme desproporción si tenemos en cuenta que en los vertebrados el ADN redundante solo ocupa alrededor del 20 por ciento.

Otro punto desconcertante es que el ADN humano contiene hasta 223 genes que no se encuentran en el árbol genético evolutivo. Estos 223 genes, por ejemplo, nos diferencian de los chimpancés. ¿De dónde vienen? Algunos dicen que los adquirimos como resultado del aporte genético horizontal de las bacterias.

Sin embargo, una mirada más cercana a la función de estos genes por parte del Public Consortium (publicado en la revista Nature) mostró que son responsables de la producción de enzimas neurológicas que se encuentran solo en la parte mitocondrial del ADN, llamada ADN de Eve. Esta parte solo se hereda en la línea femenina, lo que desafía levemente la teoría de la carga horizontal.

Las bacterias en sí mismas también son un problema. Hasta el momento, no hemos encontrado ninguna fuente a la que debamos nuestra ventaja genética. La investigación del Consorcio Público ha identificado 113 de los 223 genes misteriosos que se encuentran comúnmente en grupos bacterianos. Pero, ¿dónde están esos 110 genes que faltan? No se sabe. Ni siquiera se sabe si la transferencia en sí tuvo lugar en la dirección bacteria>humano o humano>bacteria. Así que existe la posibilidad de que la especie humana haya surgido como resultado de la programación deliberada de nuestra hebra de ADN.

Incluso los ganadores del Premio Nobel comparten esta opinión. El Dr. Francis Crick, uno de los científicos que descubrió la estructura molecular del ADN por la que ganó el Premio Nobel, también sospecha que alguien ha estado jugando con nuestro ADN. En su opinión, alguna civilización alienígena avanzada podría usar el ADN como "semillas de vida" y de alguna manera enviarlas de regreso a la Tierra. Por ejemplo, en forma de esporas bacterianas.

El premio Nobel coincide con el matemático y astrónomo Fred Hoyle, quien en su publicación en la revista Nature argumentó que la probabilidad de que cualquier vida surja de la materia inanimada es de 1 en 1.040.000, es decir, pequeña. En su opinión, una probabilidad tan baja es una base válida para cuestionar toda la teoría de la evolución y la abiogénesis.

Algunos científicos están tan obsesionados con la teoría del diseño inteligente y la panspermia que creen que la civilización alienígena a la que debemos nuestra existencia ha dejado un mensaje oculto a la humanidad. ¿Dónde? En el ADN, por supuesto.
A pesar de la infinita curiosidad humana y de las crecientes posibilidades de investigación, las respuestas a algunas preguntas siguen siendo

inalcanzables para nosotros. La teoría de que el ADN es una creación artificial de alguna civilización muy avanzada puede resultar cierta, aunque suene algo absurda. Aunque, si se fija en la teoría del big bang, también se la puede resumir como: "al principio no había nada... pero explotó".

Quién sabe, quizás en algún lugar del universo alguien tuvo la idea de crear un "elemento de ADN inteligente" que de alguna manera contribuyó a la creación del homo-sapiens.

24.   No hubo Holocausto

Una de las teorías de conspiración más escandalosas es la negación del Holocausto. Hay gente que dice que uno de los crímenes más grandes de la historia de la humanidad nunca ocurrió, y que las historias del genocidio judío son meras invenciones de propaganda. Los defensores de esta teoría argumentan que los nazis solo deportaban judíos del Reich, y que no existían campos de concentración o cámaras de gas donde eran asesinados.

El negacionismo del Holocausto, el asesinato sistemático de judíos y otros ciudadanos europeos perpetrado por los nazis durante la Segunda Guerra Mundial, es uno de los movimientos que genera más dolor, especialmente para los descendientes de los fallecidos y los supervivientes de la tragedia.

El origen de esta corriente negacionista fue el llamado informe Leuchter publicado en los años 80 por Fred Leuchter, autodenominado 'experto en cámaras de gas'. Tal informe aportaba supuestas pruebas de que las cámaras no habían sido construidas con el fin de gasear humanos, que las chimeneas de las cámaras crematorias no existían porque su sombra no aparecía en las fotografías, y otras conclusiones similares sin fundamento. Por otra parte, se sostiene que no hay pruebas escritas en donde los nazis citaran tan asunto, y que las pilas de cadáveres vistas en fotografías y películas de la época, es todo un montaje propagandista de los EE.UU.

Los defensores del negacionismo del Holocausto creen que fue una invención de los judíos para victimizarse y crear protagonismo, y hacerse así merecedores de la tierra de Israel (1948), por la que hoy mantienen feroces luchas con los palestinos.

25.   Área 51

De todos los lugares misteriosos, el Área 51 es quizás el más amado por los teóricos de las conspiraciones, que han visto en ese lugar un tipo de refugio para naves extraterrestres e incluso el escenario del falso alunizaje.

Pero, ¿cómo esta porción del desierto a unas 100 millas de Las Vegas logró alimentar tantos engaños a lo largo del tiempo? ¿De qué ha servido realmente y por qué se mantiene tan oculto? Como suele ocurrir, la realidad es mucho más fascinante que las leyendas urbanas.

Porque esta parte remota de Nevada esconde algunos secretos, pero todos son, exquisitamente terrestres...

La existencia del Área 51 se reconoció oficialmente en 2013, cuando se desclasificó un documento elaborado por dos historiadores de la CIA en 1992. El documento es el primero en nombrar explícitamente el área (cuyo nombre antes siempre estaba oculto en tinta negra) y en señalarlo en un mapa. Confirma que aquí se llevaron a cabo varios programas para probar aviones militares secretos, incluido el avión espía que sobrevoló la Unión Soviética durante la Guerra Fría.

En 1955, funcionarios de la CIA que buscaban un lugar para experimentar con un nuevo tipo de avión militar invisible al radar (el U-2) volaron sobre lo que parecía una vieja pista de aterrizaje abandonada cerca de Groom Lake, el lecho seco de un antiguo lago salado. El área, un antiguo campo de tiro utilizado para entrenamiento durante la Segunda Guerra Mundial, estaba a 160 km de Las Vegas y bordeaba el sitio de pruebas de Nevada, un sitio donde se realizaron más de 700 de las pruebas atómicas de la Autoridad de Energía Nuclear de Estados Unidos. Era tan peligroso y aislado que nadie iría tan lejos, perfecto para probar tecnologías militares secretas y entrenar pilotos.

Los orígenes del nombre de este terreno perteneciente a la Base de la Fuerza Aérea de Nellis (una base militar estadounidense que controla un área de 1,2 millones de hectáreas y 12.959 kilómetros cuadrados de espacio aéreo restringido) no están muy claros. Se cree que deriva del sistema de numeración de cuadrícula utilizado por la Autoridad de Energía Nuclear, que ya poseía una gran área del desierto de Nevada donde se realizaron pruebas nucleares a principios de la década de 1950.

El nombre aséptico y burocrático tenía que pasar lo más desapercibido posible, y para hacer el lugar más atractivo para los conocedores, también se eligió el término más "emocionante" de Paradise Ranch. Curiosamente, esta segunda denominación se ha visto enturbiada con el tiempo por la primera, más críptica.

Los nombres de las calles también encajan en el contexto. La que corre junto al Área 51 ahora se llama Carretera Extraterrestre. Como si las pruebas nucleares y las pruebas de aviones espía no fueran lo suficientemente aterradoras, el Área 51 pasó a la historia como el símbolo de la voluntad del ejército de los Estados Unidos de mantener oculta al mundo la verdad sobre los extraterrestres.

En julio de 1947, la portada del Roswell Daily Record informó sobre un supuesto platillo volador capturado sobre un rancho en la región de Roswell y llevado al Área 51 para un estudio detallado. El ejército estadounidense dijo que el objeto misterioso era en realidad un globo meteorológico. Sin embargo, en septiembre de 1994, un informe oficial reveló la verdadera historia: no se trataba de un simple globo meteorológico, sino de un sistema ultrasecreto de globos a gran altura para detectar las ondas sonoras provocadas por las pruebas nucleares soviéticas.

Sin embargo, la verdadera asociación de este lugar con los extraterrestres explotó en la década de 1980 cuando un hombre llamado Robert Lazar le dijo a un locutor de Las Vegas que trabajaba en un área llamada S-4 cerca del Área 51, en la que se estudiaba la tecnología de los platillos voladores caídos.

Sus afirmaciones causaron revuelo, pero resultaron ser falsas, al igual que las experiencias del presunto ingeniero: a diferencia de lo dicho, no había estudiado en el MIT ni en Caltech, ni había trabajado en el Laboratorio Nacional de Los Álamos.

Si el Área 51 ha sido asociada en varias ocasiones con los OVNIs, se debe principalmente al programa militar de aviones U-2 que se inició en este lugar en 1955. Estos aviones -utilizados por EE.UU. en misiones de reconocimiento durante la Guerra Fría- eran invisibles para los ojos. radar y capaces de volar tan alto como para ser inalcanzables por los antiaéreos: podían alcanzar los 18.000 metros de altitud, una altitud superior a la de cualquier otro avión. En ese momento, los aviones comerciales alcanzaban una altitud de 6 km: nadie pensó que se podía volar tan alto.

Además, los U-2 parecían "brillantes" por un curioso efecto óptico. A la altura a la que volaban, el Sol aún no se había puesto: por lo tanto, estaban iluminados, mientras que los pilotos que viajaban a altitudes más bajas ya estaban a oscuras.

Muchos de los presuntos avistamientos de ovnis eran conocidos por los oficiales de la Fuerza Aérea como pruebas U-2, pero alimentar las supersticiones a menudo era más fácil que descubrir asuntos militares estrictamente confidenciales.

El área todavía se usa hoy para entrenar pilotos en escenarios de combate, para desarrollar nuevas tecnologías de área y drones de reconocimiento. Las imágenes de Google Earth muestran pistas en buen estado y algunos nuevos grupos de edificios construidos durante la última década.

En la década de 1950, uno de los primeros drones creados por la CIA voló desde el Área 51: se parecía a un águila gigante y se utilizó para inspeccionar el Mar Caspio y localizar hidroalas soviéticas ocultas. Después del programa U-2, otros aviones espía fueron probados en esta parte del desierto, como el Lockheed A-12 Oxcart utilizado más tarde en la Guerra de Vietnam. Aquí también se realizaron las primeras pruebas del F-117 Nighthawk, el primer avión invisible al radar utilizado en la Guerra del Golfo y en los conflictos en Yugoslavia e Irak. También se cree que el helicóptero Blackhawk, utilizado por los Navy Seals para llegar al escondite de Bin Laden en Abbottabad, Pakistán, y matarlo, fue probado en esta área.

El Área 51 está en los mapas, pero incluso acercarse es un desafío. Precisamente para las pruebas de las aeronaves espía, su perímetro está estrechamente custodiado por guardias armados con ropa de camuflaje, que también son de las primeras víctimas de tal secretismo. En los últimos años, estos militares han luchado por una compensación por los problemas respiratorios causados por los recubrimientos tóxicos que se utilizan para proteger a los cazas de los radares.

Cualquiera que intentara cruzar las vallas en el Área 51 se arriesgaría a recibir una multa de 1.000 dólares (850 euros) o seis meses de prisión (o ambas cosas, como dejan claro algunos carteles amenazadores alrededor de la base). Los turistas siempre pueden recurrir a la cercana Rachel (Nevada), cuyo sitio afirma "una población humana de 98 y una población alienígena de...¿?".

Otros pueblos cercanos también han apostado por el turismo ovni cambiando los nombres de clubes y calles para recordar a seres con antenas y teorías conspirativas. La Carretera Extraterrestre incluso existe desde 1996: es una carretera estatal de poco tráfico que recorre el Área 51 y anteriormente solo se llamaba Ruta 375 del Estado de Nevada.

########

Títulos que componen la "Enciclopedia de los misterios"

Volumen 1:
Cap.1 Personajes enigmáticos
Cap.2 Historias perdidas
Cap.3 Seres misteriosos
Cap.4 Superpoderes
Cap.5 Pasado tecnológico

Volumen 2:
Cap.1 Arquitectura intrigante
Cap.2 Culturas misteriosas
Cap.3 Fenómeno OVNI
Cap.4 Abducciones
Cap.5 El Triángulo de las Bermudas

Volumen 3:
Cap.1 Objetos misteriosos
Cap.2 Asombrosas desapariciones
Cap.3 Sucesos sin explicaciones
Cap.4 Mundo fantasmagórico
Cap.5 Hechizos y brujería

Volumen 4:
Cap. 1 Misterios religiosos
Cap. 2 Misterios científicos
Cap. 3 Animales imposibles
Cap. 4 Viajes en el tiempo
Cap. 5 Videntes y profecías

Volumen 5:
Grandes misterios sin resolver

Libro 6:
Las más grandes teorías conspirativas

Libro 7:
Grandes atracos de la historia

Libro 8:
Asesinos famosos -el lado perverso de la mente-

Libro 9:
Vidas en cautiverio –Historias de secuestro reales-

Libro 10:
Agentes, informantes y traidores -el mundo del espionaje-

######